体育运动

截拳道 跆拳道
JIEQUANDAO　TAIQUANDAO

主编　宛祝平　王晓磊
　　　杨雨龙　潘永兴

走进**大自然**
走到阳光下
养成**体育锻炼**
好习惯

吉林出版集团股份有限公司　全国百佳图书出版单位

图书在版编目(CIP)数据

截拳道 跆拳道 / 宛祝平，王晓磊等主编.—长春：吉林出版集团股份有限公司，2011.5（2024.1重印）
ISBN 978-7-5463-5250-3

Ⅰ.①截… Ⅱ.①宛… ②王… Ⅲ.①截拳道—青年读物②跆拳道—青年读物③截拳道—少年读物④跆拳道—少年读物 Ⅳ.①G886.9-49

中国版本图书馆 CIP 数据核字（2011）第 081712 号

截拳道 跆拳道

主编	宛祝平　王晓磊　杨雨龙　潘永兴
责任编辑	息望　林琳
出版发行	吉林出版集团股份有限公司
印刷	三河市同力彩印有限公司
版次	2011 年 7 月第 1 版　2024 年 1 月第 8 次印刷
开本	787mm×1092mm 1/16　印张 10　字数 100 千
地址	吉林省长春市福祉大路 5788 号　邮编 130000
电话	0431-81629968
电子邮箱	11915286@qq.com
书号	ISBN 978-7-5463-5250-3
定价	45.80 元

版权所有　翻印必究
如有印装质量问题，请寄本社退换

《体育运动》编委会

主　　任	宛祝平				
编　　委	支二林	方志军	王宇峰	王晓磊	冯晓杰
	田云平	兴树森	刘云发	刘延军	孙建华
	曲跃年	吴海宽	张　强	张少伟	张铁民
	李　刚	李伟亮	李志坚	杨雨龙	杨柏林
	苏晓明	邹　宁	陈　刚	岳　言	郑风家
	宫本庄	赵权忠	赵利明	赵锦锦	潘永兴

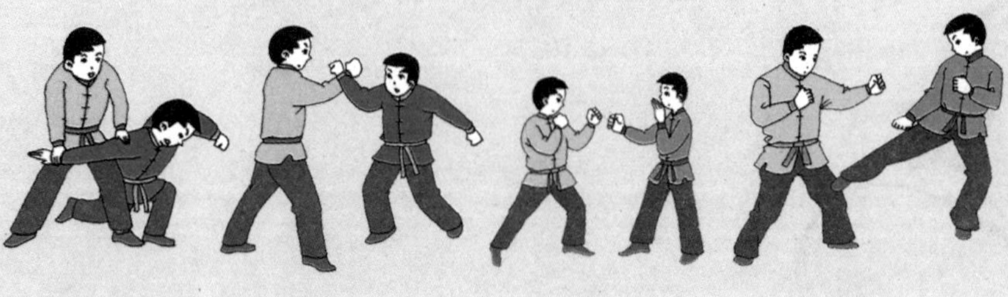

目录

截拳道

第一章 运动保护
 第一节 生理卫生……………………2
 第二节 运动前准备…………………3
 第三节 运动后放松…………………9
 第四节 恢复养护……………………11

第二章 截拳道概述
 第一节 起源与发展…………………14
 第二节 特点与价值…………………16

第三章 截拳道基本技术
 第一节 基本姿势……………………22
 第二节 基本拳法……………………27
 第三节 基本肘法……………………41
 第四节 基本腿法……………………50
 第五节 基本摔法……………………55

第四章 截拳道实战技法组合
 第一节 高级组合拳法………………60
 第二节 勾漏手………………………64
 第三节 组合腿法……………………71

目录 CONTENTS

跆拳道

第五章 跆拳道概述
第一节 起源与发展 78
第二节 特点与价值 80

第六章 跆拳道场地和装备
第一节 场地 84
第二节 装备 85

第七章 跆拳道基本技术
第一节 基本姿势 92
第二节 基本步形与基本步法 99
第三节 基本拳法 112
第四节 基本进攻腿法 118
第五节 基本格挡技术 129

第八章 跆拳道基础战术
第一节 主动抢攻 138
第二节 佯攻巧打 138
第三节 先得分战术 138
第四节 迂回战术 139
第五节 防守反击战术 139
第六节 制短战术 140

目录 CONTENTS

第七节 体力战术……………………140
第八节 心理战术……………………141
第九章 跆拳道比赛规则
第一节 程序…………………………144
第二节 裁判…………………………146

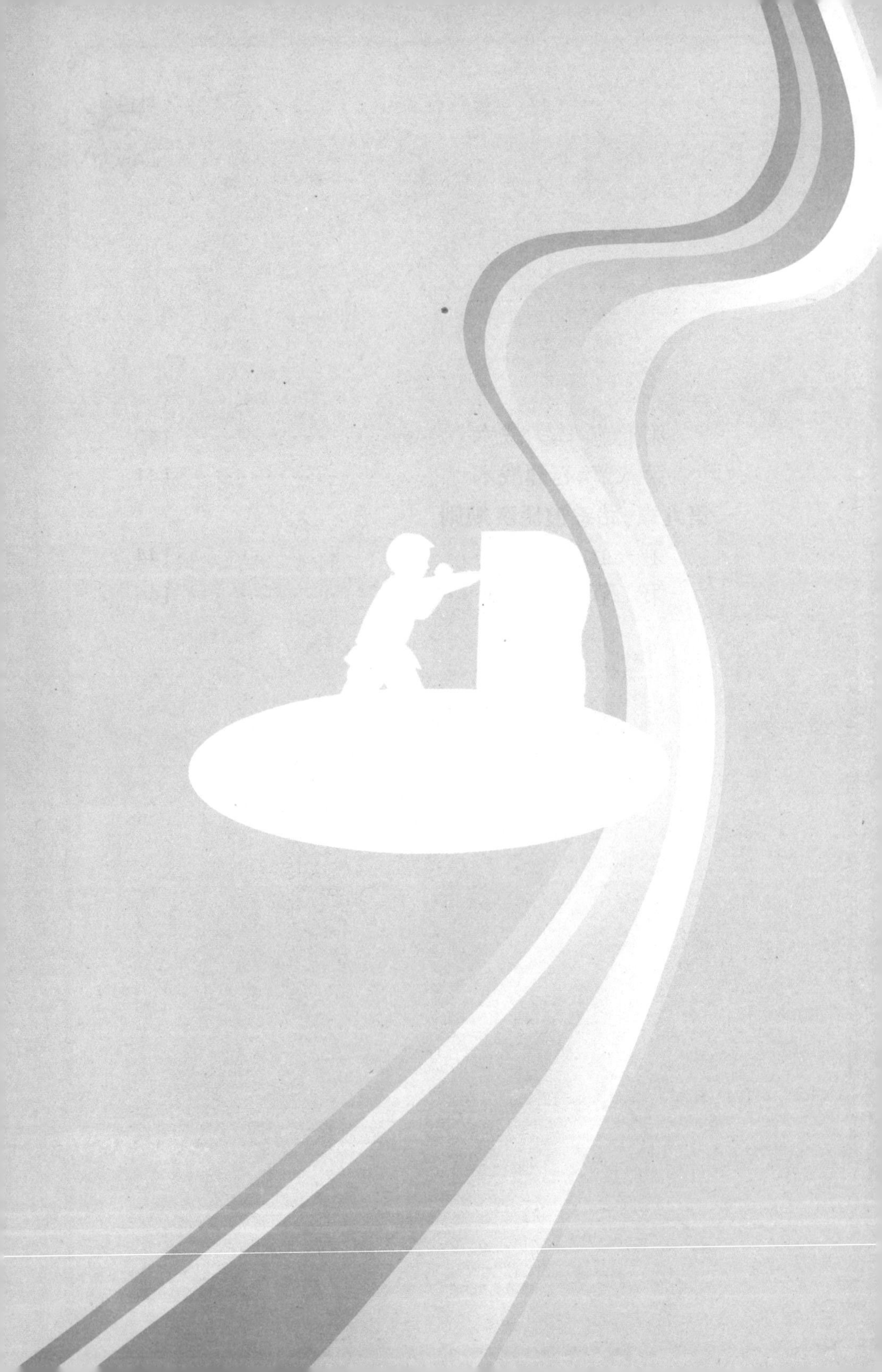

截拳道

第一章 运动保护

"生命在于运动",但是盲目、不科学的运动非但不能起到强身健体的作用,反而会给身体带来一定的伤害。只有掌握体育锻炼的一般性生理卫生知识,科学地进行体育锻炼,才能起到健身强体的作用。

第一节 生理卫生

青少年在进行体育运动时,除了应进行一般性的身体检查和必要的咨询外,还要注意培养运动兴趣和把握适当的运动强度。

一、培养运动兴趣

在进行体育运动前,必须培养自己对体育运动的兴趣。培养兴趣的方法有很多,如观看体育比赛,与同学、朋友进行体育比赛等。有了浓厚的兴趣,就能自觉地投入体育运动之中,从而达到理想的体育锻炼效果。

二、把握运动强度

因为青少年进行体育运动,主要是在享受体育运动的过程中增强体质,提高健康水平,而不仅是为了创造运动成绩,所以运动强度不宜过大。控制运动强度最简单的办法是测定运动时的脉搏。对青少年来说,运动时的脉搏控制在每分钟 140 次左右较为合适。

第二节 运动前准备

运动前进行充分的准备活动，对于青少年来说是非常重要的。一些青少年体育运动爱好者，常常不重视运动前的准备活动，导致各种运动损伤，影响运动效果，也容易失去对体育运动的兴趣，甚至造成对体育运动的畏惧。因此，青少年在进行体育运动前，必须做好充分的准备活动。

一、准备活动的作用

运动前做好充分的准备活动能够对肌肉、内脏器官有很大的保护作用，同时还可以提前调节运动时的心理状态。

（一）提高肌肉温度，预防运动损伤

运动前进行一定强度的准备活动，不仅可以使肌肉内的代谢过程加强，温度增高，黏滞性下降，提高肌肉的收缩和舒张速度，增强肌力，同时还可以增加肌肉、韧带的弹性和伸展性，减少由于肌肉剧烈收缩而造成的运动损伤。

（二）提高内脏器官的功能水平

内脏器官的功能特点之一就是生理惰性较大，即当活动开始、肌肉发挥最大功能水平时，内脏器官并不能立刻进入

最佳活动状态。

(三)调节心理状态

青少年进行体育锻炼不仅是身体活动,同时也是心理活动。研究证明,心理活动在体育锻炼中起着非常重要的作用。体育锻炼前的准备活动,可以起到心理调节的作用,即接通各运动中枢间的神经联系,使大脑皮层处于最佳兴奋状态。

二、如何进行准备活动

一般来说,准备活动主要应考虑内容、时间和运动量等问题。

(一)内容

准备活动可分为一般准备活动和专项准备活动。一般准备活动主要是一些全身性的身体练习,如跑步、踢腿、弯腰等。一般准备活动的作用在于提高整体的代谢水平和大脑皮层的兴奋状态,减少运动损伤的发生。专项准备活动是指与所从事的体育锻炼内容相适应的动作练习。

下面介绍一套一般准备活动操,供青少年运动前使用。这套活动操主要包括头部运动、肩部运动、扩胸运动、体侧运动、体转运动、髋部运动和踢腿运动等。

1. 头部运动

头部运动的动作方法(见图1-2-1)是：

两手叉腰，两脚左右开立，做头部向前、向后、向左、向右，以及绕环运动。

2. 肩部运动

肩部运动的动作方法(见图1-2-2)是：

手扶肩部，屈臂向前、向后绕环，以及直臂绕环。

3. 扩胸运动

扩胸运动的动作方法(见图1-2-3)是：

屈臂向后振动及直臂向后振动。

4. 体侧运动

体侧运动的动作方法(见图1-2-4)是：

两脚左右开立，一手叉腰，另一臂上举，并随上体向对侧振动。

5. 体转运动

体转运动的动作方法(见图1-2-5)是：

两脚左右开立，两臂体前屈，身体向左、向右有节奏地扭转。

6. 髋部运动

髋部运动的动作方法(见图1-2-6)是：

两脚左右开立，两手叉腰，髋关节放松，做向左、向右360°旋转。

7. 踢腿运动

踢腿运动的动作方法(见图1-2-7)是：

两臂上举后振，同时一腿向后半步，然后两臂下摆后振，同时向前上方踢腿。

图 1-2-1

图 1-2-2

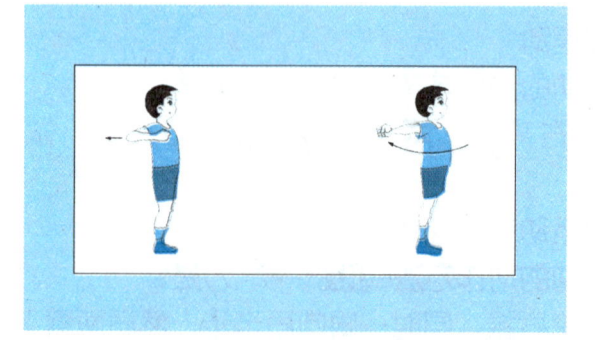

图 1-2-3

图 1-2-4

图 1-2-5

图 1-2-6

图 1-2-7

(二)时间和运动量

准备活动的时间和运动量随体育锻炼的内容和量而定,由于以健身为目的的体育运动量较小,因此准备活动的量也相对较小,时间也不宜过长,否则,还未进行体育锻炼身体就疲劳了。半小时的体育锻炼,准备活动时间一般以10分钟左右为宜。

第三节 运动后放松

进行剧烈的体育运动后,有些青少年习惯坐在地上,或是直接躺下来休息,认为这样可以快速消除疲劳。其实不然,这样做的结果不仅不能尽快地恢复身体功能,反而会对身体产生不良影响,正确的做法应该是运动后做一些整理活动,放松身体。

一、运动后整理活动的必要性

运动后的整理活动不但可以避免头晕等症状,还可以有效地消除疲劳。

(一)避免头晕

人体在停止运动后,如果停下来不动,或是坐下来休息,静脉血管失去了骨骼肌的节律性收缩,血液会由于受重力作用滞留在下肢静脉血管中,导致回心血量减少,心血输出量下降,造成暂时性脑缺血,出现头晕、眼前发黑等一系列症状,严重者甚至会出现休克。为了避免这些症状的发生,整理活动是非常必要的。

（二）消除疲劳

除了避免头晕等症状的发生，运动后的整理活动还可以改善血液循环状态，达到快速消除疲劳的目的。

二、放松方法

在运动后放松时，应注意以下几个问题：

（1）做一些放松跑、放松走等形式的下肢运动，促进下肢静脉血的回流，防止体育锻炼后心血输出量的过度下降；

（2）在下肢活动后进行上肢整理活动，右臂活动后做左臂的整理活动，通过这种积极性休息，使身体功能得到尽快恢复；

（3）整理活动的量不要过大，否则整理活动又会引起新的疲劳；

（4）在进行整理活动时，应当保持心情舒畅、精神愉快。

第四节 恢复养护

　　人体在运动后，除采用休息和积极性体育手段加速身体功能的恢复外，还可以根据体育运动的特点，补充不同的营养物质，以尽快消除疲劳。

　　体育运动结束后，人体内会产生一种叫作乳酸的酸性物质，它的积累会造成肌体的疲劳，使恢复时间延长。所以，我们在体育运动后，应多补充一些碱性食物，如蔬菜、水果等，而动物性蛋白等肉类食品偏"酸"，在运动后的当天可适当减少摄入。

第二章 截拳道概述

20世纪60年代，在国际武坛上诞生了一种具有深远影响力的实用武学之道——截拳道。它是由美籍华人李小龙先生以其所学中国武术中的南派咏春拳为基础，广泛吸收国内外其他武术精华，通过不断实践验证与哲思悟道而革命性地创编的哲学武道。

第一节 起源与发展

截拳道起源于 20 世纪 60 年代，是李小龙先生结合了中国古典哲学思想创造出来的一种搏击武术。截拳道是随着李小龙的电影在世界上的热播，而逐渐被各国的武术爱好者所认识和喜爱的。

一、起源

20 世纪 60 年代，李小龙先生在美国大学学习期间，创编了一种既融合了中国古典哲学思想，又兼容了现代搏击中的经典技术动作的搏击武术，它就是截拳道。

截拳道的精髓在于无形，它没有独自的形式，能够吸收各门派的精华。因此，截拳道可使用一切手段和技巧，而又不受特定手段的束缚。

二、发展

截拳道随着李小龙先生电影的影响传遍了世界，它独特的技击方法受到了世界各国武术爱好者的喜爱。

我国民间的截拳道运动开展得相当广泛，全国有上百万人在研习截拳道。目前，公办、民办和个体截拳道武馆、截拳道学校不断涌现，遍布城乡，出现了一个截拳道练习的大潮。

为适应广大业余爱好者的需要，多种截拳道专著已经出版，如《李小龙实战功夫精髓——截拳道》《李小龙风采再展——截拳道功夫教程》等，深受截拳道爱好者的欢迎。这些专著的发行，对国内截拳道的发展起到了推动作用。

截拳道是一种综合性的技击运动项目，它具有深厚的理论依据，相关的科研工作也不断深化，湖南省的"中国国际李小龙截拳道研究总会"便是其中的佼佼者。此外，由该会主办的全国唯一的截拳道专业研究杂志《截拳道世界》也已发行。

截拳道是中国的宝贵文化遗产，也是人类文化的一颗璀璨明珠。目前，截拳道正走向世界。首先，国内的一些截拳道组织正在与国际接轨；其次，以截拳道专家郝钢为首的访问交流团体已于1996年年底赴美与李小龙当年的一些亲传弟子进行交流与学习。

在未来的发展中，截拳道将会在一个媒介高度发达的社会环境中，以自己独特的魅力普及到世界各地。

第二节 特点与价值

截拳道以招法奇特、快速、多变等特点著称于世,它以独特的魅力,受到了世界各地截拳道爱好者的欢迎。从截拳道创立到传遍世界各地,只用了短短的 20 年时间,截拳道发展之快,只能用奇迹来形容。

一、特点

截拳道在实战中是灵活多变、出其不意的,以下是截拳道运动中的特点和拳理意义。

(一)体用

练习搏击术的目的是为了更好地实践,而非仅仅用于健身。"一个搏击者必须能经常不断地保持心灵纯洁,他的心中只有一个坚定的目标——如何搏击。对此,他必须排除阻碍其前进道路上的障碍,无论是感情上的、身体上的或是知识上的"(李小龙语)。练习截拳道必须有一个首要前提,即要将自身的潜能发挥至极限,然后再去研究与探讨如何将这种已发挥到极限的攻击力有效地用于对方。

(二)弃形

李小龙最反对僵化形式的束缚,致力于探讨适合自身特点的动作与方法。正如他所说:"倘若某门某派教你如何搏击,你可能会依照那种指定的方法去全力搏击,然而那并非实际情形下的搏击。因为一旦你随着传统的模式走,那么你所了解的便只是老路子,一种'传统'与'传统'所造成的阴影罢了——你并不了解你自己。"

(三)劲

劲是指截拳道中的发力,与其他拳道重而长的劲力相比较,截拳道主张使用措手不及与快速短促的瞬间爆发力。将两种力相比较,若双方同时发劲出招,则李小龙的短而快的劲与技会抢先作用于对方身上,其特点就好像压缩的弹簧突然弹出一般,具有极大的震撼作用。

(四)疾

截拳道一向以快速猛烈及闪电般的速度著称于世,即"速度"是搏击制胜之道,唯快才能出其不意、攻其不备。倘若在速度上占有极大的优势,那么就可抢先于对方,甚至能后发而先至。

(五)反应

对敌搏击不仅需要有冷静的头脑,而且反应还须迅速,要有一种与敌交手之际能准确、有效地进行应变的能力。李小龙似乎有一种超乎常人的第六感,能事先洞察别人的企图,并在对方恰要起脚或出拳之际进行有效的抢攻、迎击或截击,使对方因抢先挑起战斗而遭受迎头痛击。

(六)时间

截拳道的打击距离短,能在最短的时间内对对方进行重击并得手。除要缩短打击时间外,还须把握好打击的时机,因为打击的时机与精简的动作是相辅相成的,准确地判断和把握出招的时机为搏击取胜的关键因素之一。

(七)哲学

截拳道是哲学化的拳道,它从创立之初便是在通过一些武术技法来阐述深奥的哲理。截拳道中的哲理是李小龙的思想武器,而其拳脚与动作技术则是其肢体武器,只有肉体与精神高度合一,才可将自身的潜力发挥到极致。

二、价值

截拳道不仅仅是一种武道，它还是一种思维和价值观上的升华，是一种技巧、艺术、哲学与生命之道。

(一)防身价值

截拳道具有防身的实用价值，以进攻和防守为击败对方的基本手段。当练习一段时间后，遇到坏人时就可以游刃有余、不乱不慌地来应对，达到防身的目的。

(二)健身价值

经常地参加截拳道训练，可以提高身体机能，增强身体的力量和反应速度，以及柔韧性、灵敏性和协调性等。

(三)技击价值

截拳道是一种搏击术，其技击价值是与生俱来的，它的动作方式和方法与其他武术的动作方法不同。

(四)陶冶情操

截拳道初始形成时就以中国的古典哲学思想作为理论基础,是一种以"德""仁义"等中国古典哲学思想和西方哲学思想的集合体。经常练习截拳道的人可以从中体悟中西方文化的差异,以及各自的深邃之处,逐渐养成一种博大的包容胸怀。

第三章 截拳道基本技术

截拳道的基本技术吸收了部分中国传统武术和西洋拳术的精华,包括基本姿势、基本拳法、基本肘法、基本腿法和基本摔法等。

第一节 基本姿势

基本姿势是截拳道练习或实战之前的预备动作,是调整心态和精神的过程,包括实战步准备势、基本手法和基本指法等。

一、实战步准备势

实战步准备势是在实战之前为快速进攻或防守,作出的预备动作,易于初学者学习,动作方法(见图3-1-1)是:

(1)两脚前后开立,右脚在前,脚尖略内扣,膝略屈,左脚在后,脚尖向外斜45°,膝略屈;

(2)左臂弯曲略大于90°,肘尖下垂,左手握拳前伸,拳心向斜下方,与鼻平高,右臂弯曲小于90°,右手握拳,拳心向左斜下方,与下颌平高,右肘自然下垂;

(3)身体侧向右,略向前,重心在两腿之间。

图3-1-1

二、基本手法

基本手法是实战中的基本握拳方法，它能够有效地提高进攻和防守效率，动作方法（见图 3-1-2）是：

从四指和拇指张开的姿势开始，把指尖弯向手掌，然后把拇指紧紧压在握紧的四个手指上，且拇指尖延伸到中指中间。

图 3-1-2

三、基本指法

截拳道指法常运用于实战中，具有很强的杀伤力，动作方法（见图 3-1-3）是：

大拇指内扣，其余四指伸直，食指扣于中指和无名指之下，小指也附在无名指之下，主要用指尖戳击对方面部、咽喉等要害部位。

图 3-1-3

指法是截拳道的一种特有手法，初学者要按照一定的方法循序渐进地练习，包括基本戳指练习、纸靶练习、头型靶练习、固定靶练习和木人桩练习等。

(一)基本戳指练习

1. 动作方法(见图 3-1-4)

(1)由警戒桩势开始；

(2)做前手戳指练习，连续 10～15 次为一组。

2. 技术要点

(1)练习时要左右姿势交替进行；

(2)练习中要注意体会动作方法，并纠正错误动作；

(3)练习可先缓慢进行，然后逐步加快动作速度。

图 3-1-4

(二)纸靶练习

1. 动作方法(见图 3-1-5)
(1)由警戒桩势开始;
(2)前手戳指,进攻与头部同高的纸靶,练习 1~15 次为一组。
2. 技术要点
戳指练习必须在精力充沛时进行。

图 3-1-5

(三)头形靶练习

1. 动作方法(见图 3-1-6)
(1)制作一种可以活动的头形靶,内用软物填充;
(2)前手戳指,进攻与头部同高的头形靶,连续练习 10~15 次为一组。
2. 技术要点
练习时要注意戳指的准确与速度。

图 3-1-6

(四)固定靶练习(见图 3-1-7)

选用固定靶练习,可以培养戳指的准确落点与戳指的硬度,练习 100～200 次为一组。

图 3-1-7

(五)木人桩练习(见图 3-1-8)

虽然木人桩练习容易损伤手指,增加手指的受伤率,但是练习者通过木人桩戳指练习,以及与其他技术的混合练习,可以增强自己的对抗技术能力。练习 2～3 分钟为一组。

图 3-1-8

第二节 基本拳法

在截拳道中,拳法是必要的进攻手段,掌握截拳道的基本拳法是练好截拳道的基础。基本拳法包括前手直拳、后手直拳、刺拳、勾拳、上击拳、摆拳、抛拳、翻背拳和抡打等。

一、前手直拳

前手直拳是截拳道中最常用、最重要的拳法，主要攻击目标是对方的面部，特点是速度快、击得准，能够在正面直击对方，并能很好地维持身体平衡。

1. 动作方法（见图 3-2-1）

（1）戒备势站立；

（2）以腰部为全身运动的轴心，快速拧转，与此同时上下肢都要做相应的辅助运动；

（3）以腰带肩，以肩催拳，顺肩发力，使出拳更具威力；

（4）步法为前进步，后脚向前跨至前脚位置，在后脚落地的瞬间，前脚向前迈进一步；

（5）空练时，前脚在拳伸直后才落地。

2. 技术要点

（1）整个出拳动作的完成必须快速有力，靠迅速的扭腰动作来发力，扭腰要以身体为枢轴，不能摇摆、晃动，当前手出击时，后手适当抬高，保护暴露部位；

（2）整个进攻路线和着力点应在人体的中心线上，在出拳前，整个身体各部位肌肉必须松弛，唯有大脑处于思想集中、高度警惕的状态；

（3）在接触对方的一瞬间，肌肉骤然绷紧，这时后腿要蹬地，臀部要紧张；

（4）拳出击的前后，手形要随势而变，即在出击前，手腕尽量放松、自然，拳头不要握紧，在击中对方的瞬间，手腕翻上、翻下、或内旋，使肌肉紧张，握紧五指。

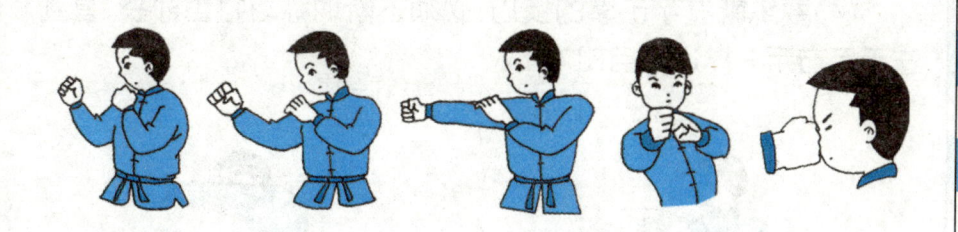

图 3-2-1

二、后手直拳

后手直拳是长距离攻击拳法,在实战中一般不作攻击的第一拳,而是配合前手动作进行再攻击,即在前手施上一招后,后手补上一拳,提高攻击的威力。

1. 动作方法(见图 3-2-2)

(1)戒备势站立;

(2)重心前移,腰部拧转,后腿蹬地,后肩前送,后手出击;

(3)出击时,以身体的前半面(即前手所在的身体一侧)为转动轴,前脚支撑身体扭转,后脚跟与后肩旋转连成一气,使身体后半侧向前自由转去。

2. 技术要点

(1)以腰为发力中枢,出拳愈直,则愈具威力;

(2)头及身体前半面的肩、腰、膝、足,须基本处于与地面垂直的平面上,利于发力;

(3)后手直拳的动作幅度比前手要大,属重型拳,在与其他类

型的拳法配合时,能实施连续攻击和反击;

(4)要练就左手击拳的技巧,必须不断地练习打重沙袋,直到左手与右手一样运用自如为止。

图 3-2-2

三、刺拳

刺拳常在点击对方,寻找进攻机会时使用,特点是出拳动作小,不易被对方觉察。

1.动作方法(见图 3-2-3)

(1)直击对方面部,靠近身体由内向外冲出出拳路线;

(2)发拳时,快速而短促地伸缩手臂,肩部不必前探,腰部动作极小,要轻快地弹放出去;

(3)刺击后快速还原,随时预备第二次攻击,或防御对方的反击,保护好自身。

2.技术要点

(1)可以将刺拳动作想象成一根被弯曲的弹簧的运动;

(2)刺拳时,最好不止一拳,要连续、敏捷地出击,并以此试探

对方的意图,第二记刺拳便会有更大的机会命中对方;

(3)收拳时,位置略高,以弥补后手防御上的空缺,下颌内收,用肩部护住下颌;

(4)刺拳可以有效地阻止对方的攻击,在对方欲向己发拳攻击时,快速的刺击往往能令对方手足无措。

图 3-2-3

四、勾拳

勾拳是一种很好的反击和补充打击拳法,常用于近距离进攻,包括前手勾拳和后手勾拳等。

(一)前手勾拳

前手勾拳常在主动进攻时使用,特点是速度快、力量大。

1.动作方法(见图 3-2-4)

(1)戒备势站立;

(2)出勾拳时,向逆时针方向迅速地转动髋部,并将身体重心移到后脚上,快速、猛烈地打出这一拳。

2.技术要点

(1)使用前手勾拳时,必须跨步跟上,以确保击中对方,抬高的手要掩护面部,后肘要保护体侧,打击时要能完全控制住身体;

(2)出拳的手不要在出拳之前收回或下垂,否则就会暴露攻击的意图;

(3)勾拳的动作幅度不应过大,要突然而自如;

(4)勾拳中手臂的挥动是身体转动的结果,当身体转动带动转肩时,必须随之带动手臂迅速转动,如果运用得突然,前挥的手臂就会像离弦的箭一样向前出击;

(5)巧妙地运用步法可产生足够的力量,将前脚跟抬起,以保证身体灵活地转动,身体重心应从出拳手的一侧移到相对的另一侧。

图 3-2-4

(二)后手勾拳

后手勾拳是一种由侧方攻击对方的拳法,常在近距离主动进攻时使用,特点是力量极大、速度快,具有一定的隐蔽性。

1. 动作方法(见图3-2-5)

(1)戒备势站立;

(2)出拳时,肘部抬平外展,随着腰部的拧转,攻击拳由侧向内勾击,拳所经过的路线基本上是一条弧线。

2. 技术要点

(1)使用后手勾拳时,由于攻击的部位较高,胸部等其他部位易暴露在对方的拳脚范围之下,此时切不可忽略用另一只手防卫;

(2)为加大攻击力而使手肘的弯曲度加大时,要注意区分勾拳和摆拳;

(3)其他技术要点同前手勾拳。

图 3-2-5

五、上击拳

上击拳常在近战时使用,特点是隐蔽性强、出拳速度快,包括前手上勾击拳和后手上勾击拳等。

(一)前手上勾击拳

前手上勾拳常在双方距离比较近时使用,主要的攻击部位是对方的下颌和胸肋等。

1. 动作方法(见图3-2-6)

(1)出拳前,前手略下降,臂弯曲,呈一定角度的钩状垂于腰际,保护体侧的肋骨部位,后手高置保护脸部;

(2)前脚跟向外侧抬高,使身体能随意地旋转;

(3)含胸、收腹的同时,身体重心前移,与前手同一侧的腿突然蹬地、送髋,由髋腰发力,前手顺势由下向上勾击;

(4)出拳后,前手肘部仍向下,掌心斜向上或向内,高与颌齐。

2. 技术要点:

(1)下肢重心要稳,出拳时前手同一侧的腿蹬地要充分,要有爆发力;

(2)前手上勾拳出拳的同时,后手要护住肋部和头部。

图 3-2-6

(二)后手上勾击拳

后手上勾击拳常在双方距离比较近时使用,特点是击拳运动距离长、力量大。

1. 动作方法(见图 3-2-7)

(1)戒备势站立;

(2)后手略下降,身体重心略前移,后腿蹬地发力,并靠腰部的转动将后肩前送,身体略向前手侧转动,以后手由下向上勾击。

2. 技术要点

(1)打击的距离要适中,发拳前切勿有多余的动作;

(2)在发上勾拳时,要有将对方提起来的感觉;

(3)发拳时,另一手臂的肘关节贴于肋部,始终保护自己的下颌。

图 3-2-7

六、摆拳

摆拳是指利用身体的侧摆和转动,带动肩、臂的摆动来实施攻击的拳法,它以腰为转动轴,特点是打击力量较大,但是由于它的动作幅度大、暴露的空当多,且易失去平衡,所以多与其他拳法配合使用。摆拳包括前手摆拳和后手摆拳等。

(一)前手摆拳

前手摆拳是打击防守型对方的可靠手段,即利用前手摆拳迫使对方改变姿势,制造有利时机,配合其他拳法攻击。

1.动作方法(见图 3-2-8)

(1)戒备势站立;

(2)出拳时,肩关节拧转,前手肘关节略外展平抬,臂高与肩平,前臂与后臂成 100°角左右;

（3）前拳面内旋，拳眼朝下，借助扭身的力量进行摆击，后手肘关节下垂，护于肋侧前；

（4）为了增大击打的威力，可在击中对方的瞬间变为拳面，以增大攻击效果。

2.技术要点

（1）拳出击的弧度不宜太大；

（2）击打的目标不宜超过自身的中线；

（3）转体、转腰、出拳要配合协调，切勿挺胸塌腰。

图 3-2-8

（二）后手摆拳

后手摆拳常用于连续进攻，特点是后摆距离长、力量大。

1.动作方法（见图 3-2-9）

（1）此动作技术要领与前手摆拳相同，唯出拳的方向、部位不同；

(2)在实战中,双方扭打后撤,或对方向后闪避之际,后手摆拳实施的再攻击效果甚为突出。

2.技术要点

(1)做后手摆拳时上步要快,重心要稳;

(2)后手在保护住肋部和头部的同时,眼睛要看准对方;

(3)摆拳击打对方的瞬间重心移至前腿。

图 3-2-9

七、抛拳

抛拳的运动路线奇特,有时会产生意想不到的效果,加上其易于掌握,为初学者所喜爱。

1.动作方法(见图 3-2-10)

(1)戒备势站立;

(2)身体一侧后扭,手臂随势向后划一弧线向上过头顶后,像甩一根鞭子那样挥下,打击力集中在拳头上,整个动作须一气呵成。

2.技术要点

(1)抛拳出拳时避免端肩僵硬;

(2)击打对方的瞬间拳面冲下；
(3)击打的同时重心移至前腿。

图 3-2-10

八、翻背拳

翻背拳常用于近距离实战，多与勾手配合使用，特点是不易被对方觉察。

1. 动作方法（见图 3-2-11）

(1)戒备势开始；

(2)做前手翻背拳（做一个垂直半圆形的运动）将身体重心前移；

(3)后手略向下移，以防对方起脚或向头部及身体发出攻击，并张开后手准备格挡。

2. 技术要点

(1)摆拳时应观察对方的动机和意图，做出正确判断；

(2)出拳时不要端肩，肩部放松。

图 3-2-11

九、抡打

抡打是截掌道中较为常见的拳法,这种拳法非常简单,是一种本能的、未加任何修饰的搏击动作,其运动路线奇特,往往在对抗中能出乎对方意料,产生意想不到的击打效果。但是,抡打有动作路线较长、暴露部位多等缺点。

1. 动作方法(见图 3-2-12)
(1)由警戒桩势开始动作;
(2)前臂屈臂上举,身体重心移向后脚;
(3)拧转腰部,前臂快速弧线挥击,劲力直达拳面;
(4)迅速恢复警戒桩势。
2. 技术要点:
(1)抡打时不宜过于紧张;
(2)抡拳的动作路线要清晰明快。

图 3-2-12

第三节 基本肘法

截拳道肘法仅在贴身近战时使用,动作简捷、明快,动作幅度也不大,包括上挑肘、侧上挑肘、侧挑肘、横撞肘、后撞肘、后顶肘、横摆肘、砸肘和刺肘等。

一、上挑肘

上挑肘是在截拳道实战中常见的一种肘法,特点是能够在短距离内有力地击打对方,使对方不能马上反击。

1. 动作方法(见图 3-3-1)

(1)戒备势站立;

(2)两手臂弯曲,后手臂的上、下臂紧贴,肘自胸前发出,从下往上挑击对方的胸部或头部;

（3）上挑时后腿蹬地,挺髋,手臂肌肉突然紧张,以增强攻击效果。

2. 技术要点

（1）击肘时,转腰要充分,重心移至前腿,但击打完毕后,重心恢复到戒备势;

（2）击肘的动作路线是从下至上,直上直下。

图 3-3-1

二、侧上挑肘

若对方在自己一侧的前方,可用侧上挑肘攻击。

1. 动作方法（见图 3-3-2）

（1）戒备势站立;

（2）前手臂由肋部出发,从下向上挑击对方下颌。

2. 技术要点

（1）击肘的瞬间重心前移,后手护住肋部;

（2）进攻时眼睛要看准目标。

图 3-3-2

三、侧挑肘

侧挑肘是由上挑运动和横撞运动合成的一种肘法,一般用于攻击体侧的对方。

1. 动作方法(见图 3-3-3)

(1)戒备势站立,在出招前,肘所处的位置一般较低,大致在肋部附近;

(2)在出击过程中,肘猛然上抬,并且向侧方运动;

(3)另一侧肩下沉,上身挺起撞击侧面对方的胸部和下颌。

2. 技术要点

(1)动作路线要清晰;

(2)进攻时动作要迅速、灵敏、充满爆发力。

图 3-3-3

四、横撞肘

横撞肘常用于侧向攻击对方,特点是爆发力强。

1. 动作方法(见图 3-3-4)

(1)戒备势站立,手的上、下臂差不多处在同一水平上;

(2)两臂以肩和腰为轴,向左或向右横撞对方胸部或腹部,同时上体随之略侧倾。

2. 技术要点

(1)进攻时身体侧向对方,使横撞肘对对方更具威胁;

(2)击肘之前,避免端肩,一定要保护好头部。

图 3-3-4

五、后撞肘

后撞肘常用于背后的突然袭击,特点是进攻路线直接、有效。

1. 动作方法(见图3-3-5)

(1)戒备势站立;

(2)以腰为轴快速地向侧后转90°,用肘撞击对方的腹部、胸部或头部。

2. 技术要点

(1)充分做好预摆;

(2)用眼睛余光看准对方;

(3)保持身体平衡。

图 3-3-5

六、后顶肘

后顶肘是上挑肘的逆向运动,与后撞肘一样,同为攻击背后目标的有效手段。

1. 动作方法(见图 3-3-6)

(1)戒备势站立;

(2)肘由肋发,从前向后、由下至上向目标进攻,从侧面看,手臂就像固定在肩的钟摆运动。

2. 技术要点

用余光看准攻击部位,并用肘关节迅速攻击。

图 3-3-6

七、横摆肘

横摆肘常用于反击,主要用于攻击高部位,也可以配合下闪身击打对方中盘,特点是既能防守又能进攻。

1. 动作方法(见图 3-3-7)

(1)利用身体的侧摆和转动带动肘的运动;

(2)若是右肘,攻击方向向左,若是左肘,攻击的方向则向右。

2. 技术要点

(1)在运用这种肘法时,要充分利用腰的扭动;

(2)肘所运动的轨迹是一段度数不大的圆弧,大约为 90°。

图 3-3-7

八、砸肘

砸肘是上挑肘的逆向运动,常用于从上至下砸击对方的颈部或双肩。

1. 动作方法(见图3-3-8)

(1)戒备势站立,瞄准攻击目标后,前臂自然伸直摆过头顶;

(2)迅速向下用肘关节击打对方。

2. 技术要点

(1)当对方的位置很低或抱住你的腰腿时,可使用这一技法砸击其后脑、颈部和背部等;

(2)如果跳起来砸击,把体重也加在肘上,会有更好的效果;

(3)这种肘法使用时暴露出来的空当太多,且难于防卫,一般仅在对方趋于被动或在接近战斗结束时才使用。

图3-3-8

九、刺肘

刺肘是截拳道中一种细腻、精简的肘技,在激烈的近身纠缠中有很强的实用性,而且刺肘利于变化,可为其他肘技与膝技进攻创造出极为有利的条件。但是,刺肘较难掌握,不易施用。

1. 动作方法(见图3-3-9)

(1)由警戒桩势开始;

(2)前臂自然屈肘,猛然前击,劲力直达肘尖;

(3)前臂回收的同时,后臂顺势屈肘前击;

(4)迅速恢复警戒桩势。

2. 技术要点

(1)刺肘动作要隐蔽、突然;

(2)在做动作前,身心的适度松弛有利于刺肘动作的高效完成;

(3)注意刺肘动作的快速出收。

图3-3-9

第四节 基本腿法

截拳道的腿法结合了空手道、泰拳、跆拳道等拳派的精华，适合有一定截拳道基本功的练习者学习，包括侧踢、勾踢、旋踢和摆踢等。

一、侧踢

侧踢常用于远距离进攻。

1. 动作方法（见图 3-4-1）

（1）戒备势站位，侧身面对对方；

（2）身体重心向后移的同时后腿略弯曲；

（3）前腿随即抬起，充分弯曲收于髋关节，然后瞬间快速踢出。

2. 技术要点

（1）注意掌握身体重心平衡；

（2）屈腿一定要充分，击打要稳、准、狠。

图 3-4-1

二、勾踢

勾踢是截拳道中最常用的一种脚法,特点是攻击迅速,往往在对方没来得及反应时就已得手,所以它是一种较为安全的腿法。

1. 动作方法(见图 3-4-2)

(1)由戒备势站立开始;

(2)前腿屈膝斜抬至水平位置,并与地面保持 45°角,此时身体重心基本落在支撑的后腿上;

(3)上体略后倾,同时呼气发力,以支撑腿的前脚掌为轴向外转动,带动髋部的扭转,攻击腿由屈至伸猛地向前踢出,力达脚背。

2.技术要点

(1)攻击的路线是一条斜线,动作必须连贯,尤其是在前脚离开地面之后,动作应该一气呵成,切不可收前腿向后摆动后再踢出去,这样会减慢踢击的速度;

(2)身体要时刻保持平衡协调,踢完后必须迅速地还原。

图 3-4-2

三、旋踢

旋踢常用于主动攻击,实施时一般以弧形进击,在正面给对方以重创。但如果将其作为防守反击技术,则效果会更佳。

1. 动作方法(见图3-4-3)

(1)从戒备势站立开始;

(2)以略屈腿的前脚掌为轴做旋转,并保持另一条腿弯曲以准备击发;

(3)在几乎完成180°转体时,用脚猛力地踢击。

2. 技术要点

抬起的脚不得任意摆动,否则会使身体失去平衡。

图 3-4-3

四、摆踢

摆踢亦称反勾踢,常在与对方搏击时吊高前脚,伺机进攻,攻击对方直膝、屈膝均可,视攻击距离灵活选用,特点是不仅能及时阻止对方的攻击,而且还能达到反客为主、后发制人的目的。

1. 动作方法(见图 3-4-4)

(1)戒备式开始;

(2)在上体向右后方拧腰的同时,以膝为轴带动攻击腿从左至右进行摆踢,力达全脚掌或脚外掌侧;

(3)这种踢法的攻击轨迹近似于一条弧线。

2. 技术要点

(1)击打时保持身体平衡;

(2)头部一直看着对方的动向;

(3)摆踢时支撑腿不能弯曲。

图 3-4-4

第五节 基本摔法

截拳道摔法是一种结合并借鉴日本的柔道技术、合气道中的摔法技术的技术方法。摔法在截拳道中占有非常重要的位置,多运用于近身搏击。基本摔法包括勾摔法和单腿摔法等。

一、勾摔法

勾摔法是一种近身搏击技术,特点是攻击对方的肘关节将其摔倒在地。

1. 动作方法(见图 3-5-1)

(1)当对方拳击来时,用后手截住来拳,并顺势将对方拉过来,使其重心移到前腿;

(2)将对方的肘关节夹在腋下,配合身体的旋转,支撑腿略抬起,将全身重量压在对方关节上;

(3)后手始终固定住对方的手,使其身体前倾而倒地,也可以用前手按压对方的肘关节,将其摔倒。

2. 技术要点

(1)按压关节的部位和方向与截拳方向相同;

(2)动作要一气呵成,不要拖泥带水;

(3)手眼要配合协调,反应速度要快。

图 3-5-1

二、单腿摔法

单腿摔法是一种常见的摔法,特点是能够擒住对方的腿部,并将其摔倒在地,常在近身搏击中使用。

1. 动作方法(见图 3-5-2)

(1)实战中当对方用下侧踹腿攻击时,身体应迅速侧身,将身体重心转移至对方身体后侧方向;

(2)两手顺势紧抓住对方进攻腿后部,用两手将对方的进攻腿迅速抬起;

(3)用前腿踢绊对方的支撑腿小腿部,将其摔倒在地。

2. 技术要点

(1)重心移动要快速合理;

(2)抓腿时要快速有力,反应灵活,动作灵敏。

图 3-5-2

第四章 截拳道实战技法组合

　　在截拳道中，简单的进攻并非对所有对方都有效，必须学会交替进攻与防守，才能迷惑对方和对付各种类型的拳手。截拳道实战技法组合包括高级组合拳法、勾漏手和组合腿法等。

第一节 高级组合拳法

高级组合拳法动作灵活多变，常用于连环进攻，适合在掌握一定基本功后学习运用，特点是有较强的变化和很强的攻击力，包括两个前手直拳连一个后手摆拳、连续两个前手直拳和前手直拳连击等。

一、两个前手直拳连一个后手摆拳

两个前手直拳连一个后手摆拳适合于具有一定实战经验的拳手使用，特点是攻击连续，对方难以防备。

1. 动作方法（见图 4-1-1）

（1）右拳从腰间冲出，击打对方腹部；

（2）右拳随即从对方腹部收回，击打对方头部；

（3）右拳击打完腹部后，迅速转髋从斜侧摆出左拳，攻击对方面部。

2. 技术要点

（1）第一拳攻击要快，要有表现力、威胁力，并能充分打乱对方的阵脚或攻破对方的防线；

（2）第二拳攻击要连贯、紧凑、准确、凶猛，并且力求击倒或击伤对方；

（3）第三拳一般作为补充性打击，即在前两拳创造有利的机会和条件后，再用第三拳给对方以致命攻击。

图 4-1-1

二、连续两个前手直拳

连续两个前手直拳是截拳道的惯用技巧,是典型的声东击西拳法,特点是在攻击对方时能够连续进攻,使对方招架不住,输掉比赛。

1. 动作方法(见图 4-1-2)

(1)戒备势站立;

(2)出右手直拳从右腰间冲出,击打对方下颌处;

（3）在右拳击打后收回的瞬间，冲出左手直拳，击于对方面部。

2. 技术要点

（1）做动作时要速度快、灵敏、连续性强；

（2）后手护好肋部和头部。

图 4-1-2

三、前手直拳连击

前手直拳连击常用于实战，特点是攻击力强，能够直接击打对方。

1. 动作方法（见图 4-1-3）

（1）由戒备势开始；

(2)攻击时先以前手直拳做假动作,攻击对方的面部,诱使其露出下颌空当;

(3)继而用左手直拳重击;

(4)在收回左手的同时,用右手直拳连续击打对方面部。

2.技术要点

(1)如果第一拳攻击使其大大敞开了攻击目标,紧跟在其后的真实动作要能一举击倒对方;

(2)如果对方没有上第一个假动作的当,那么第二个假动作就要做到让对方信以为真,使其进行错误的反应,这时最后一拳要准确地击中对方的要害部位;

(3)此套动作中,动作的虚实、真假可根据实际情况来进行灵活调整,从而真真假假、虚虚实实,令对方无法捉摸,处处被动,处处受制。

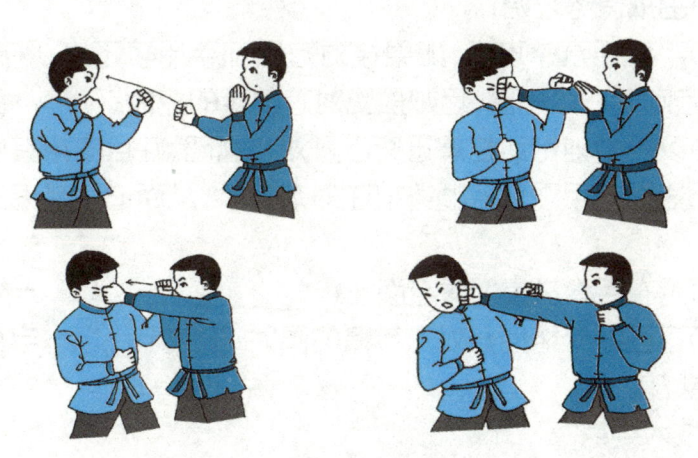

图 4-1-3

第二节 勾漏手

勾漏手是截拳道的一个重要组成部分,可以提高拳手的敏感性、适应性和破坏性,尤其在与对方的贴身近战中更具有实用价值。勾漏手包括勾漏手连续两个前手直拳、左右格挡直拳、截拿击拳、截左臂直冲拳和截拳下冲拳连续上冲拳等。

一、勾漏手连续两个前手直拳

勾漏手连续两个前手直拳常在两人对峙时使用,特点是能在被动的情况下反被动为主动。

1. 动作方法(见图4-2-1)

(1)由戒备势开始;

(2)用前手直拳攻击,如果被对方用前手压了下来,则顺势向逆时针方向划一个小圈,巧妙摆脱对方前手的控制;

(3)以髋为轴带动右拳迅速击打对方面部,并且不待其后退或挣脱,迅速将右手下落且顺势扭住对方的手,从而迫使其无法发拳攻击;

(4)用左手拳法重创对方面部;

(5)可在左手格挡开对方手臂的同时,连续用一记右手直拳猛击对方头部。

2. 技术要点

(1)整套动作要连贯、迅速、刚劲、有力、一气呵成,不给对方以喘息或反击的机会；

（2）如果对方企图以其手臂来挡住你的手臂或欲逃脱时，可使双手如磁铁般地紧密封闭，以迫使其无法摆脱或反击。

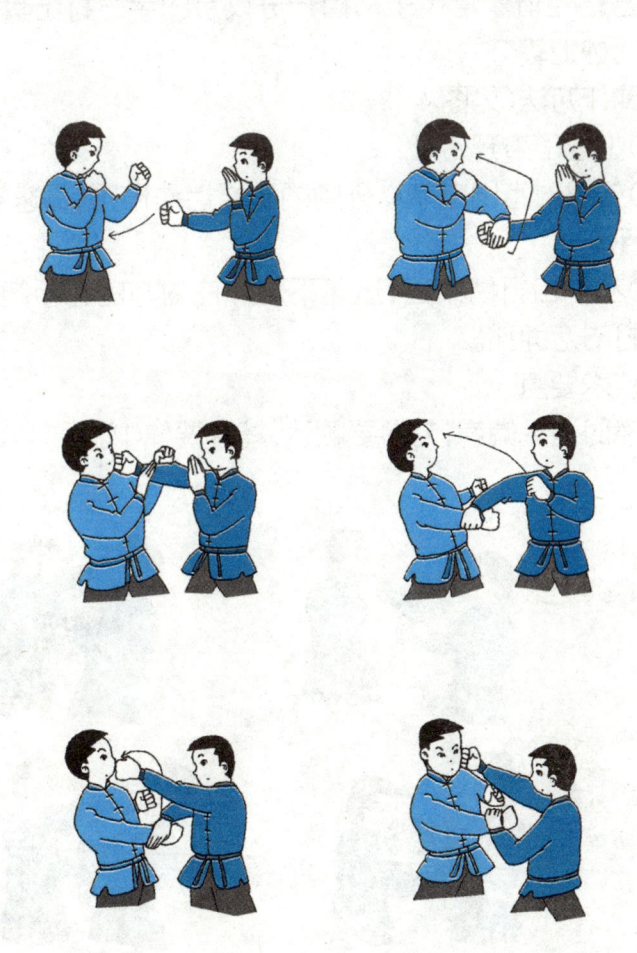

图 4-2-1

二、左右格挡直拳

左右格挡直拳常用于格挡开进攻方的手后打击其面部，特点是能够巧妙地转守为攻。

1. 动作方法（见图4-2-2）

（1）由戒备势开始；

（2）如果对方出左拳从外向内做格挡动作，则迅速冲左拳击打对方面部；

（3）左拳击打结束后，迅速下落抓住对方的右手腕部，同时用右拳击打对方面部。

2. 技术要点

出拳时避免端肩，力量要顺达，精神要集中。

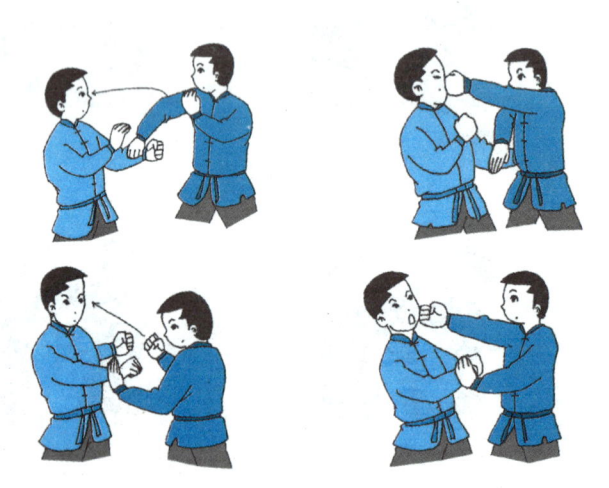

图4-2-2

三、截拿击拳

截拿击拳常用于实战,特点是动作迅速、变化多端,适合有一定截拳道基本功者运用。

1. 动作方法(见图4-2-3)

(1)由戒备势开始;

(2)用前手直拳攻击时,如果被对方利用内侧高位格挡法截在半途中,则可随即巧妙翻转手腕,主动地控制住对方的左腕,并用力下拽,同时用左手直拳重击其面部。

2. 技术要点

(1)本招法成功的关键在于右手反腕控制对方腕部的动作;

(2)做动作时要随机应变,集中精神,以速度制胜,力量要顺达。

图4-2-3

四、截左臂直冲拳

截左臂直冲拳常在被动防守时使用，特点是能够在有效的时间内变被动为主动。

1. 动作方法（见图4-2-4）

（1）由戒备势开始，等待对方先做动作；

（2）当对方以右拳发起攻击时，先用左手抓住对方来拳手的腕部，并使其拳头偏离攻击方向；

（3）将前脚前滑，重心移至前脚上，随即用右拳击向对方面部或头部；

（4）用右手格挡对方右臂，同时再用左手直拳击打对方面部；

（5）在左前臂压下对方双臂的同时，用右手重拳猛击对方头部。

2. 技术要点

（1）左手格挡（即漏手）时要快，格挡时的力度要恰好使对方的来拳滑过自己的右肩；

（2）右拳反击要连贯、迅猛、有力，而且整套动作要一气呵成，不得给对方以喘息或逃脱之机。

图 4-2-4

五、截拳下冲拳连续上冲拳

截拳下冲拳连续上冲拳常在处于被动的情况下使用,特点是动作敏捷,便于转守为攻。

1. 动作方法(见图 4-2-5)

(1)由戒备势开始,等待对方先发起攻击;

(2)当对方以右手发起攻击时,可先用左手内侧高位格挡法(即漏手),挡开其来拳,并使其来拳偏离攻击方向;

(3)重心迅速前倾,随即右手对准对手心腹部发出一记有力的直拳;

(4)在右手格挡对方右臂的同时,用一记左手重击拳,击打对方的心腹部位;

（5）可在左手挡开对方右臂的同时，集全身的力气于右拳上，从而发拳重创对方面部。

2.技术要点

（1）动作要凶猛连续、敏捷快速；

（2）击打对方上下部位变化时要突然、快速。

图4-2-5

第三节 组合腿法

由两个或两个以上的基本腿法结合在一起使用的动作,称为组合腿法或连环腿法。组合腿法由于其灵活性和机动性比单个腿法大大增强,因此能应付一般的复杂局面,并具有较多的变化和较强的攻击力,可以使对方防不胜防。组合腿法包括截踢接高侧踢、截踢变扫踢和截踢变摆踢等。

一、截踢接高侧踢

截踢接高侧踢常在实战中运用,特点是能够先防守后进行快速进攻,适合有一定实战经验的人使用。

1. 动作方法(见图 4-3-1)

(1)由戒备势开始;

(2)先用前手虚晃一拳,充分吸引对方的注意力;

(3)随即迅速抬起右脚,用截踢攻击对方的下盘,诱使其下手拦截并暴露出头部空当;

(4)略回收右脚,由屈到伸继续向上绕过对方的防御,重击其头部,在对方意料之外得手,将其踢伤或踢倒在地。

2. 技术要点

(1)在实战中,此腿法除了用于攻击外,还适于打防守反击,即在半途中就截住对方的攻击,然后再予以连续反攻;

(2)踹击要连贯、紧凑,踢第二脚时上体要适当侧倾并充分展

开,以延长攻击距离和强化攻击力;

(3)假动作要快,要有表现力、威胁力和欺骗性;

(4)截踢要连贯、准确、及时、凶猛,甚至动作要一气呵成,以免由于疏漏而出现空当。

图4-3-1

二、截踢变扫踢

截踢变扫踢常用于实战，可以在有效的时间内转守为攻，击倒对方。

1. 动作方法（见图 4-3-2）

（1）由戒备势开始；

（2）当发起攻击时，可先用前手虚晃一拳，充分分散对方的注意力；

（3）随即可迅速抬起右脚，并用一记迅猛的截踢去攻击对方的下盘，从而迫使其暴露出头部空当；

（4）将右脚略回收，由屈到伸继续向上绕过对方的防御之手，用扫踢重创其头部或面部，使其措手不及，将其踢伤或踢倒在地。

2. 技术要点

（1）假动作要逼真，其目的不仅在于迷惑对方，还在于减少对方的反击趋势，使其判断失误而陷入圈套，从而为真正的攻击赢得时间；

（2）紧跟在假动作后的连续腿击要一腿比一腿快。

图 4-3-2

三、截踢变摆踢

截踢变摆踢常用于实战，特点是动作变化速度快，不给对方以反击机会。

1. 动作方法（见图 4-3-3）

（1）由戒备势开始；

（2）先发起攻击，先用前手虚晃一拳，以分散对方的注意力；

（3）随即可抬起右脚，迅速用一记截踢猛攻对方的下盘，从而迫使其露出头部空当；

（4）略回收右脚，由屈到伸继续向上绕过对方的防御之手，用摆踢重创其头部或面部，将其踢伤或踢倒在地。

2.技术要点

(1)紧跟在假动作之后的截踢要快速有力;

(2)摆踢时要以膝为轴,并用脚前掌发力,摆腿要连贯、凶猛、准确;

(3)整套动作要干练、简捷、隐蔽。

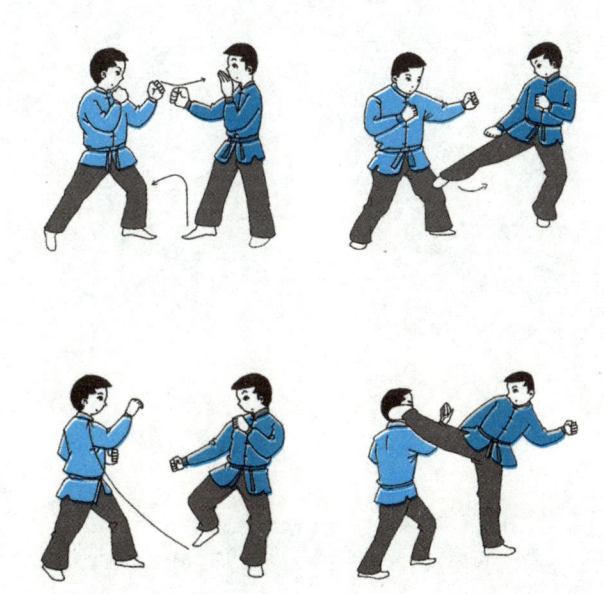

图 4-3-3

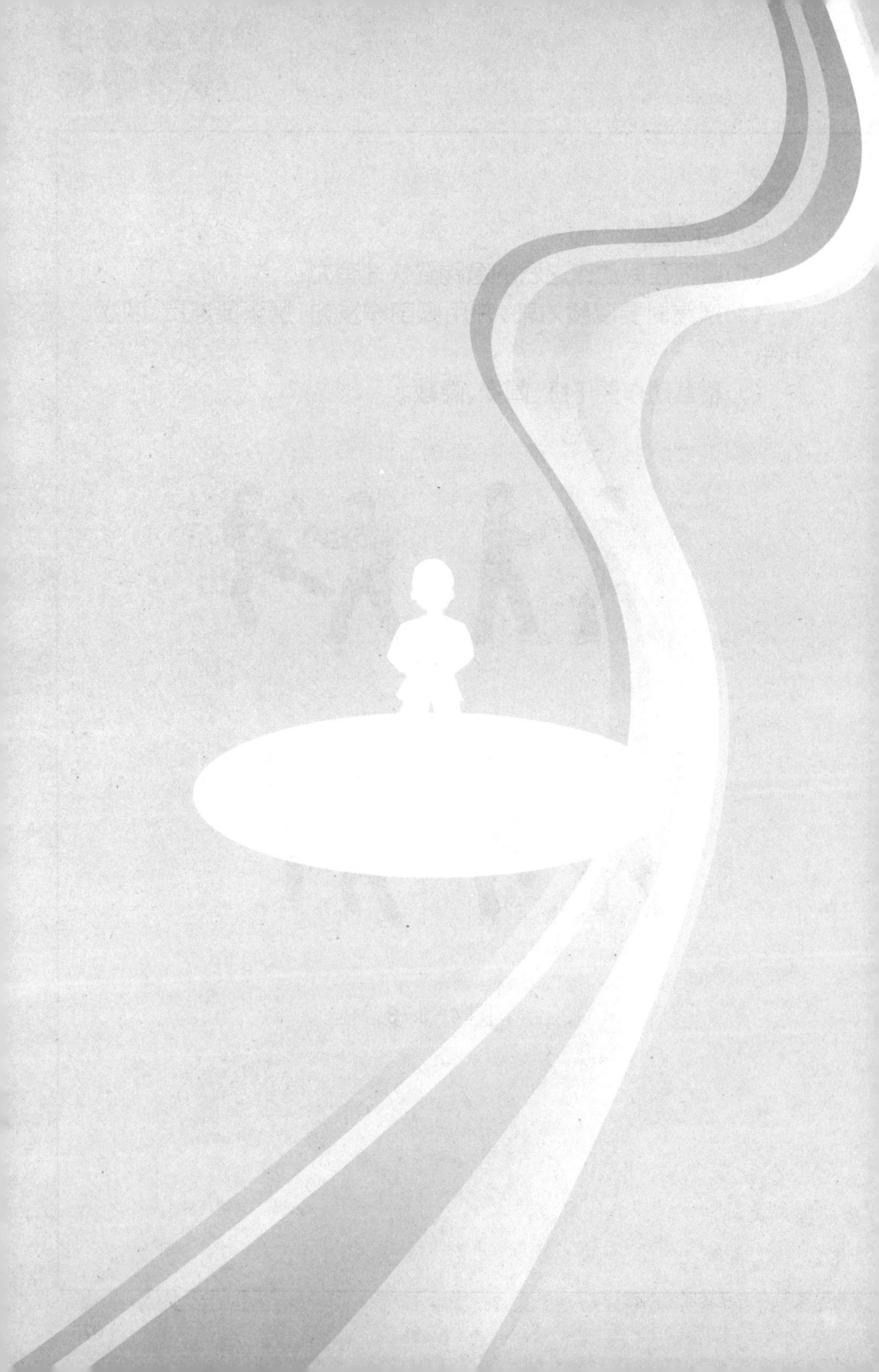

跆拳道

第五章 跆拳道概述

　　跆拳道起源于朝鲜半岛,是一种手脚并用的传统搏击格斗术,也是一项紧张激烈、惊险刺激的以腿法对抗为主要形式的现代竞技运动,更是一门强健体魄、磨练意志品质的高尚武道文化。

　　跆拳道因其特有的自卫、竞技比赛功能和道德礼仪教育功效,受到全世界尚武青少年的推崇和喜爱。

第一节 起源与发展

跆拳道是朝鲜半岛的一项古老的传统运动项目，它是在引进与吸收中国的传统武术及日本空手道的基础上，创新与发展起来的一门独特武术，自 20 世纪 50 年代中期在朝鲜半岛重新崛起以来，已经风靡全球，成为一项新颖的竞技体育项目。

一、起源

跆拳道古称跆跟、花郎道，是起源于古代朝鲜的民间武艺。

1910 年，日本侵占朝鲜后建立了殖民政府，一度下令禁止所有的朝鲜文化活动，跆拳道自然也在禁限范围之内。这个时期，跆拳道技艺在朝鲜境内销声匿迹，流浪到日本和中国的跆拳道艺人，把跆拳道与日本和中国的武术融合一起，使跆拳道得到了充实和发展。

第二次世界大战后，朝鲜独立，流落他国的许多朝鲜人也相继回归故里，同时也将各国的武道技艺带回本国，并进一步将这些技艺和跆拳道技法融为一体，去芜存精，融合发展，逐渐形成了现代跆拳道运动的基础体系。

二、发展

朝鲜独立后，跆拳道得以重新崛起，当时它的技击方法很多，

名称也较为繁杂，如唐手道、跆跟等。为使这一朝鲜国技得以发扬光大，韩国于1961年9月成立了唐手道协会，后更名为跆拳道协会。跆，意为蹬踢，腾跃；拳，意为用拳击打，防御；道，意为练习的方法，也为一种精神。

1966年，国际跆拳道联盟（ITF）成立。1973年5月，世界跆拳道联盟（WTF）在韩国汉城（今首尔）成立。

第1届世界跆拳道锦标赛和第1届亚洲跆拳道锦标赛分别于1973年和1974年在韩国汉城（今首尔）举行。

1975年，世界跆拳道联盟被正式接纳为国际体育联盟会员。1980年，国际奥委会正式承认了世界跆拳道联盟。截至1998年，世界跆拳道联盟已有会员国144个。

1986年，跆拳道在第10届亚运会上被列为正式比赛项目。1994年9月，经国际奥委会正式通过，跆拳道被列为2000年奥运会正式比赛项目，设男女各四个级别。

目前，跆拳道运动已经成为完全独立的、正规的比赛项目。在世界锦标赛、亚洲锦标赛和亚运会上共设有男女各八个级别。

中国的跆拳道运动起步晚，发展快。1992年10月7日，中国跆拳道协会筹备小组成立，这标志着我国跆拳道运动的正式开始。1995年5月，共有22个单位250名运动员参加了在北京体育大学举行的第1届跆拳道锦标赛，从此跆拳道在中国迅速发展起来。1995年5月，中国跆拳道协会成立。同年11月，中国跆拳道协会被世界跆拳道联盟接纳为正式会员。

1999年6月7日，在加拿大埃特蒙多举行的世界跆拳道锦标赛上，我国女运动员王朝战胜多名跆拳道高手，获得了女子55千克级的冠军，这是我国跆拳道运动员获得的第一个世界冠军。

第二节 特点与价值

跆拳道运动通过竞赛、品势和功力检测等运动形式，使练习者增强体质，掌握技术，并培养坚韧不拔的意志品质，具有较高的防身自卫及强壮体魄的实用价值。时至今日，它已经成为深受世界各国人民喜爱的体育运动项目。

一、特点

跆拳道通过这些年来的发展，在技战术方面有了长足的进步，通过对其的研究，这项运动的特点可总结为以下几点：

1. 以腿法为主，拳脚并用

由于竞赛的需要、规则的限制和跆拳道进攻方法的特点，都使得跆拳道腿法攻击成为主要技法。据统计，在跆拳道技术当中，腿法约占总技法的70%。腿击无论在攻击范围，还是攻击力量等方面都远远超过拳法的攻击，而拳法的招式，一般偏重于防守和格挡。

2. 动作追求速度、力量和效果

跆拳道不讲究花架子，所有动作都以技击格斗为核心，要求速度快、力量大、击打效果好。在功力的检测方面，以击破力为测试手段，即分别以拳脚击碎木板等，以击碎的厚度来判定功力。

3. 强调呼吸，发声扬威

跆拳道的练习要求在气势上给人以威严的感觉。练习者常以洪亮并带有威慑力的声音来显示自己的威力，而且，由于在发声的同时呼吸瞬间停止,这可以使人体内部的阻力减小,提高动作速度,集中精力,使动作发挥出更大的威力。

4.以刚制刚,方法简练

受跆拳道精神影响,运动员在比赛当中多是直击直打,接触防守,躲闪技术运用得比较少。进攻都采用直线连续进攻,以连贯快速的脚法组合击打对方。防守多采用格挡技术,或采取以攻对攻,以攻代防的技术。

5.礼始礼终,内外兼修

在任何场合下,跆拳道练习者始终以礼相待。练习和比赛都要以礼开始,以礼结束,这有助于养成谦虚、友好、忍让的作风,不断提高自己的道德修养。

二、价值

青少年经常参加跆拳道运动,不仅能够增强人体中枢神经系统和内脏器官的功能,改善身体健康状况,还能提高力量、速度、弹跳等专项身体素质和运动能力。

同时,跆拳道可使参赛者健身强体、锻炼心智,逐渐培养起果敢、坚韧的意志品质。

从社会学角度来说,跆拳道运动是一项具有广泛群众基础和特殊社会影响的体育项目,跆拳道运动竞赛和跆拳道活动过程中充满了教育因素,对提高参与者的素质、活跃社会文化生活、促进世界各国之间的文化交流,都有一定的意义。

第六章 跆拳道场地和装备

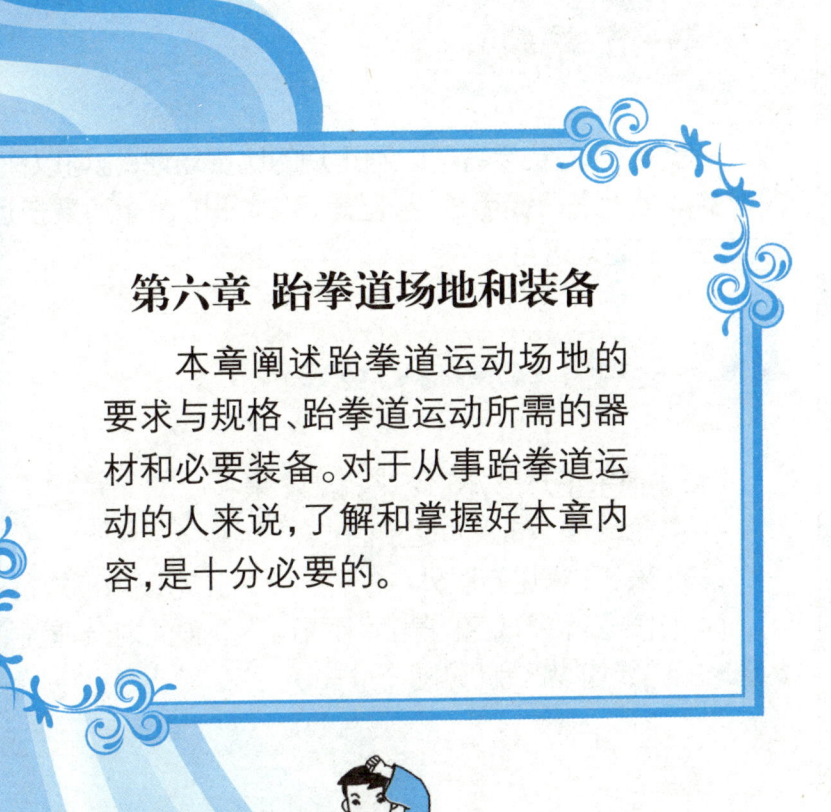

本章阐述跆拳道运动场地的要求与规格、跆拳道运动所需的器材和必要装备。对于从事跆拳道运动的人来说，了解和掌握好本章内容，是十分必要的。

第一节 场地

一般情况下,初学者可以到正规的比赛场地,也可以在空地或家里的地板上进行徒手练习,但是,高水平的跆拳道竞技运动,最好在专门的场地进行。

一、规格

(1)场地呈正方形,长12米,宽12米;
(2)中间8米×8米为比赛区;
(3)8米×8米见方以外、12米×12米见方以内称为警戒区;
(4)比赛区和警戒区的表面用两种不同颜色划分,同色时要用5厘米的白线加以区别(见图6-1-1)。

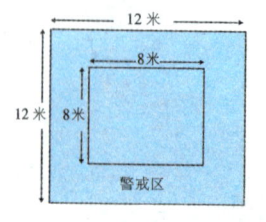

图6-1-1

二、设施

（1）场地应铺有跆拳道垫；
（2）必要时比赛场地可根据实际情况高出地面 50～60 厘米，此时要安装比赛台的支撑装置。

三、要求

（1）场地必须是水平的，并且没有障碍物；
（2）跆拳道垫的弹性要好；
（3）比赛台的支撑装置与地面的夹角须小于 30°。

第二节 装备

跆拳道运动项目有其自身专门的服装，初学者在练习时可以自由选择一些宽大的运动服装，但是专门的比赛场合，要选择跆拳道服，并配以腰带，还要穿戴好头盔、护身、护肘和护腿等护具。

一、道服

道服是白色的,由上衣和裤子组成,具体样式为:
(1)上衣领口呈"V"字形,镶以黑边,两侧开叉;
(2)裤子为松紧腰带,裤口直敞(见图6-2-1)。

图 6-2-1

二、腰带

(1)腰带由棉或纤维织成,黑色,宽度约为5厘米,长度可依身材大小而定,一般是2.4~3米;
(2)腰带一端的正面可绣上自己的段位、所属道馆名称标志,也可以绣上由何人授予自己段位等。

三、护具

(一)头盔(见图 6-2-2)

(1)由高强度的防震泡沫材料一次压制成型;
(2)外表包以柔软的羊皮或人造皮革;
(3)型号规格有多种,以备选用。

图 6-2-2

(二)护身(见图 6-2-3)

(1)由一次性压制成型的防震泡沫材料制成;
(2)外表包以羊皮或者人造皮革;

（3）在胸部和两肋处有明显的红色或蓝色标志圆圈；
（4）型号、规格有多种，以备选用。

图 6-2-3

（三）护肘、护腿（见图 6-2-4）

由羊皮或者人造皮革包以海绵、泡沫等材料缝制而成。

TAIQUANDAO
CHANGDI HE ZHUANGBEI

跆拳道 场地和装备

图 6-2-4

089

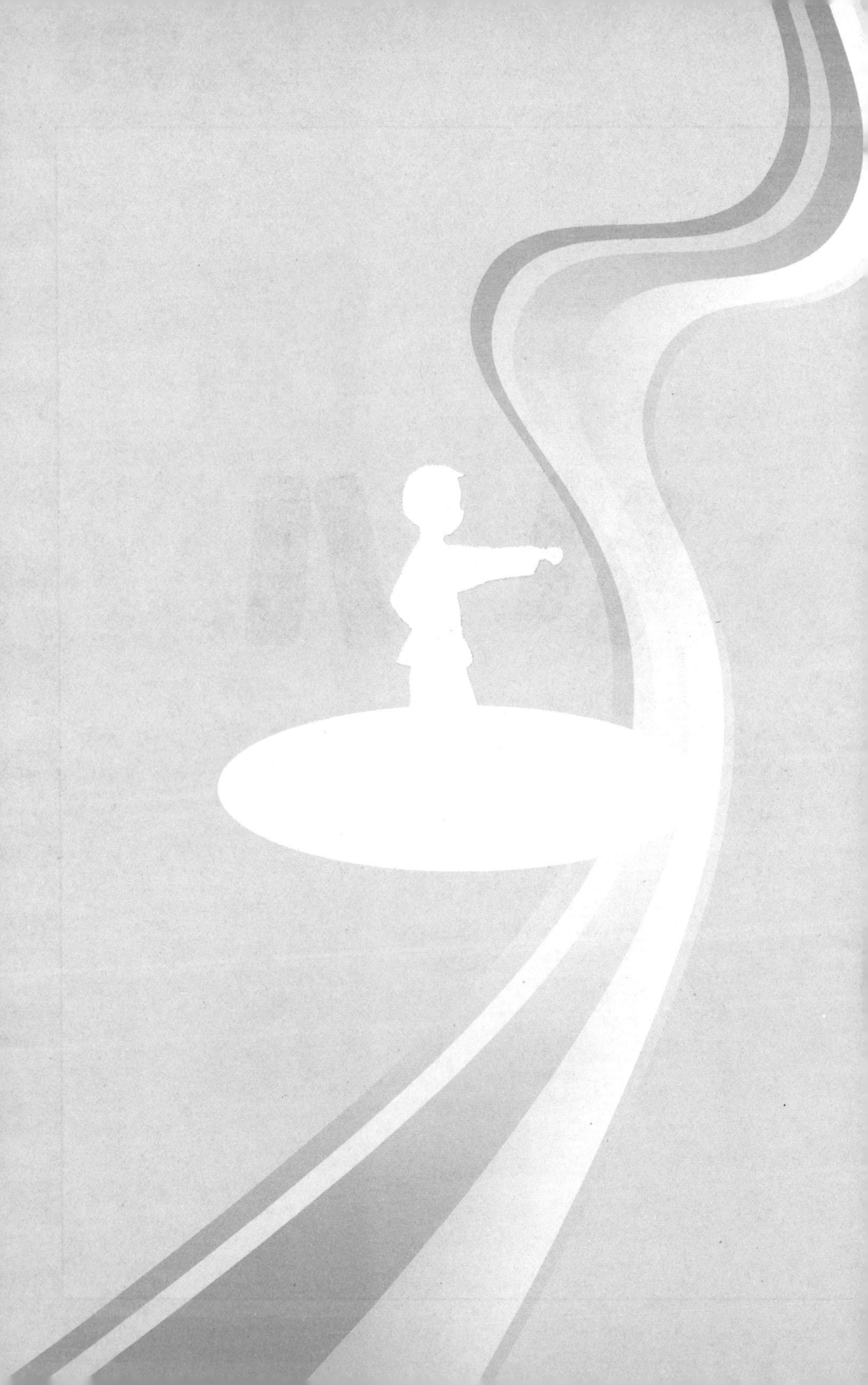

第七章 跆拳道基本技术

跆拳道是一项利用拳脚进行搏击的对抗性运动,虽然现代奥运会规定跆拳道比赛主要以脚进攻为主,但是青少年初学者还应该掌握一些基本的跆拳道拳法。跆拳道基本技术包括基本姿势、基本步形与基本步法、基本拳法、基本进攻腿法和基本格挡技术等。

第一节 基本姿势

良好的基本姿势是掌握良好技术的开始，跆拳道初学者首先应该掌握跆拳道的基本姿势，包括实战势、品势准备势、并步站立势和基本手形等。

一、实战势

实战势的动作方法（见图7-1-1）是：

（1）两脚分开站立呈左势（左脚在前为左势，右脚在前为右势，可根据个人习惯选择），两脚尖斜向约35°，两脚间距约为两个脚掌，胯和两膝略内收；

（2）两手握拳，左拳在前，右拳在后，拳眼均斜朝上，左手臂弯曲，肘关节夹角在80°～100°之间，左拳与鼻同高，右手臂弯曲，肘关节夹角小于80°，大小臂靠近右侧肋部；

（3）身体侧立，下颌略收，闭嘴合齿，面部和左肩、左拳正对对方，目视对方脚部或眼部。

图 7-1-1

二、品势准备势

品势准备势的动作方法(见图 7-1-2)是:

(1)两脚分开站立约与肩宽,两脚尖外展 22°～23°;

(2)两臂自然下垂,两手握拳置于腹前 20 厘米处,拳心向下,目视前方。

图 7-1-2

三、并步站立势

并步站立势的动作方法(见图 7-1-3)是：
（1）两脚并步站立，两脚内侧后跟并拢，或者脚尖向外分开 22°～23°；
（2）两手自然下垂松握，置于体侧，拳背朝下，目视前方。

图 7-1-3

四、基本手形

基本手形包括拳和掌等。

(一) 拳

拳包括俯拳、立拳和平拳等。

1. 俯拳

俯拳的动作方法(见图 7-1-4)是：

五指弯曲握拳，拇指第一指压在食指第二指节上，拳顶要平，拳心向下，手腕伸直。

2.立拳

立拳的动作方法(见图 7-1-5)是：

与俯拳的基本动作一样,只是立拳拳眼向上。

3.平拳

平拳的动作方法(见图 7-1-6)是：

手指的第二指节弯曲,指尖贴紧手掌,拇指扣于虎口处,用第二指节冲击对方的上颌或颈部。

图 7-1-4

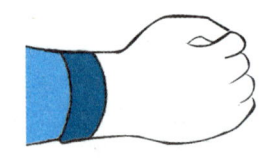

图 7-1-5

图 7-1-6

(二)掌

掌包括立掌、八字掌和弧形掌等。

1. 立掌

立掌的动作方法(见图 7-1-7)是:

四指并拢、伸直,拇指第二关节弯曲,与四指靠拢。

2. 八字掌

八字掌的动作方法(见图 7-1-8)是:

四指并拢,拇指张开。

3. 弧形掌

弧形掌主要用于招击颈部,有时也用于防守,动作方法(见图 7-1-9)是:

拇指展开略弯曲,四指并拢,第一指节略弯曲,呈弧形。

图 7-1-7

图 7-1-8

图 7-1-9

第二节 基本步形与基本步法

脚步是跆拳道的"灵魂",无论是进攻还是防守,都要依靠脚步的移动和支撑。所以,要想学好跆拳道,就必须掌握跆拳道的基本步形和基本步法。

一、基本步形

基本步形包括并步势、准备势、分开站立步、马步、斜马步、弓步、前行步、虎足步(虚步)、后插步(后交叉步)、鹤立步、前盖步(前交叉步)和扣随独立步等。

(一)并步势

并步势有两种,动作方法(见图7-2-1)是:
(1)两腿直立,两脚跟并拢,两脚尖外展45°,两臂握拳自然下垂;
(2)两腿直立,两脚内侧贴紧站立,两臂握拳置于腹前。

图 7-2-1

(二)准备势

准备势的动作方法(见图 7-2-2)是:

两脚分开站立,与肩同宽,两脚外展 22°～23°,两臂握拳于腹前。

图 7-2-2

(三)分开站立步

分开站立步的动作方法(见图 7-2-3)是:

两脚分开站立,与肩同宽,两脚尖正对前方,两臂握拳置于体侧。

图 7-2-3

(四)马步

马步的动作方法(见图 7-2-4)是:

(1)两脚分开站立,略宽于肩,两脚尖平行或略内扣;

(2)挺胸直腰,上身保持不动,两腿屈膝半蹲,重心落于两脚的中间。

图 7-2-4

（五）斜马步

斜马步的动作方法（见图 7-2-5）是：

在马步的基础上，身体略侧转，两腿屈膝，两脚略内扣，重心落于前脚上。

图 7-2-5

(六)弓步

弓步的动作方法(见图 7-2-6)是：

两脚相距约一步半，前腿屈膝，后腿伸直，后脚尖与前脚的延长线成 30°，前腿膝盖和脚尖垂直。

图 7-2-6

(七)前行步

前行步的动作方法(见图 7-2-7)是：

两脚的姿态和弓步相似，步幅和自然行走时相同，上体略前倾，重心落于两脚之间。

图 7-2-7

(八)虎足步(虚步)

虎足步也称虚步,动作方法(见图7-2-8)是:

与三七步相似,但要求前脚脚前掌点地,脚跟提起,两腿膝关节略内扣,重心落于后脚。

图 7-2-8

(九)后插步(后交叉步)

后插步也称后交叉步,动作方法(见图 7-2-9)是:
一脚向另一脚的后侧落步,脚尖点地,两腿屈膝交叉。

图 7-2-9

(十)鹤立步

鹤立步的动作方法(见图 7-2-10)是:
一腿直膝站立,另一腿屈膝上提,呈独立势。

图 7-2-10

（十一）前盖步（前交叉步）

前盖步又称前交叉步,动作方法（见图 7-2-11）是：一脚向另一脚的前侧落步,脚尖着地,两腿屈膝交叉。

图 7-2-11

(十二)扣随独立步

扣随独立步的动作方法(见图 7-2-12)是:
一腿直膝站立,另一腿屈膝,脚面贴扣于支撑腿的膝关节后侧。

图 7-2-12

二、基本步法

跆拳道是一种以腿法为主的武技,步法的运用对于充分发挥腿法的威力具有重要的意义。由于跆拳道以后腿进攻为主,因此其步法具有鲜明的特点,即重心落于两腿之间或略偏于前腿,并且身体大多数情况下都是侧向的,以便使后腿通过拧腰转髋发力,增加击打的力量。基本腿法包括进步、退步、跳换步、侧移步和跃步等。

(一)进步

进步的动作方法(见图7-2-13)是:
(1)两脚分开站立呈斜马步,身体侧向,两手握拳置于胸前,呈准备姿势;
(2)后脚向前上一步,身体侧转呈另一侧斜马步。

图 7-2-13

(二)退步

退步的动作方法(见图7-2-14)是:
(1)准备姿势同进步;
(2)前脚向后退一步,身体侧转,呈另一侧的准备姿势。

图 7-2-14

(三)跳换步

跳换步的动作方法(见图 7-2-15)是:

准备姿势同进步,两脚蹬地腾空,两脚前后交换,同时转体,落地后呈另一侧的准备姿势。

图 7-2-15

(四)侧移步

侧移步的动作方法(见图 7-2-16)是:
准备姿势同进步,以前脚为轴,后脚向左(或向右)侧向移动。

图 7-2-16

111

(五)跃步

跃步的动作方法(见图 7-2-17)是：

(1)准备姿势同进步，前脚向前上半步，随即蹬地起跳，后脚跟蹬地前跃，身体腾空前移；

(2)后脚落地，前脚再向前落步，呈准备姿势。

图 7-2-17

第三节 基本拳法

在现代奥运会的跆拳道比赛中，拳法的运用比较少，只能做防守或击打对方躯干时使用，但初学者还是有必要掌握一些基本的跆拳道拳法，包括冲拳、鞭拳、抄拳、弹拳、劈拳、贯拳和截拳等。

一、冲拳

冲拳的动作方法(见图7-3-1)是：

(1)两脚开步站立,略与肩同宽,两手握拳,抱于腰际,拳心向上,目视前方；

(2)左脚朝前迈步呈左前屈立势,同时右拳从腰际前旋臂猛力平击冲出,臂伸直,高与肩平,力达拳面。

图 7-3-1

二、鞭拳

鞭拳的动作方法(见图7-3-2)是：

(1)两脚分开站立,左拳置于右侧前方,掌心向内,右手握拳收

于腰际；

（2）左拳由内向外鞭打对方的面部或胸部。

图 7-3-2

三、抄拳

抄拳的动作方法（见图 7-3-3）是：

（1）左脚前跨步，重心三分在前，迅速抓住对方的衣襟，右手握拳于腰际；

（2）两脚不动，左手将衣襟向自己的方向拉，同时右拳从腰际由下至上用拳面击打对方。

图 7-3-3

四、弹拳

弹拳的动作方法(见图 7-3-4)是:
(1)两脚分开站立,身体右转,两手握拳腹前交叉,左手在外;
(2)右脚朝前跨步呈右前屈立势,左转,左臂屈肘上提至胸前,左肘外旋同时伸肘用拳背击打对方。

图 7-3-4

五、劈拳

劈拳的动作方法(见图 7-3-5)是：
(1)以左劈拳为例，两脚分开站立，略与肩宽；
(2)左手置于腹前握拳，拳心朝内，右手抱拳收于腰际；
(3)左臂由下向上、向左直臂抡劈，用拳抡劈击打对方。

图 7-3-5

六、贯拳

贯拳的动作方法（见图7-3-6）是：

由实战姿势开始，上体略向左转，同时左拳由外向前、向里横贯，臂略屈，拳心朝下，力达拳面或偏于拳眼侧，右拳护右腮。

图 7-3-6

七、截拳

截拳的动作方法（见图7-3-7）是：

（1）两脚分开站立，身体略右转，左手握拳，置于右肩上方，拳心朝内，左臂屈肘上提，右手握拳收于腰际；

（2）左脚前上步呈左前屈立势，同时左臂以肘关节为轴，臂内旋向前，用拳抡击对方。

图 7-3-7

第四节 基本进攻腿法

跆拳道是一项以腿法为主的独特武道，75％的动作由腿法完成，并因其腿法具有丰富灵活、变化莫测、优美潇洒、威力无比等特点，被世人称为"腿法的艺术"。基本进攻腿法包括正踢腿、斜踢腿、里合腿、外摆腿、转身后摆腿、腾空转身后摆腿、劈腿、侧弹腿、蹬腿、转身后蹬腿、侧踹、前踢、回转踢、旋风踢和二段踢等。

一、正踢腿

正踢腿的动作方法（见图 7-4-1）是：

（1）由实战姿势（左势）开始，左脚支撑，以右脚的前脚掌为轴，脚跟随身体向前转动大约 120°，同时右脚伸直，脚尖勾紧，以前脚掌快速有力向对方下颌和脸部踢击；
(2)右脚快速前落，呈实战姿势(右势)。

图 7-4-1

二、斜踢腿

斜踢腿的动作方法(见图 7-4-2)是：
与正踢腿相同，只是踢击点是对方异侧耳际。

图 7-4-2

三、里合腿

里合腿的动作方法（见图7-4-3）是：

（1）由实战姿势（左势）开始，左脚支撑，以右脚的前脚掌为轴，脚跟随身体向前转动大约120°；同时右脚脚尖勾起，向右侧上方直腿踢，经脸前向左侧上方直腿摆动，用脚内侧或足跟、足底踢击对方；

（2）右脚快速前落呈实战姿势。

图7-4-3

四、外摆腿

外摆腿的动作方法（见图7-4-4）是：

（1）由实战姿势（左势）开始，以左脚前脚掌为轴，脚跟随身体向前转动大约120°；同时右脚尖勾紧，向左侧上方直腿踢，经脸前向右侧直腿摆动，用足跟或脚掌外侧摆击对方头部；

（2）右脚自然下落呈实战姿势。

图 7-4-4

五、转身后摆腿

转身后摆腿的动作方法（见图 7-4-5）是：

（1）由实战姿势（左势）开始，以左脚的脚掌为轴，左脚脚跟随身体转动约 90°，目视对方；

（2）左腿支撑，右腿以髋关节为轴，向后上方弧形摆动击打对方躯干以上部位，力达足跟或脚掌；

（3）右脚自然前落呈实战姿势。

图 7-4-5

六、腾空转身后摆腿

腾空转身后摆腿的动作方法（见图7-4-6）是：

（1）由实战姿势（左势）开始，两脚蹬地腾空转体180°，同时右脚以髋关节为轴，向后上方弧形摆动至最高点，击打对方躯干以上部位（主要攻击面部），力达足跟或脚掌；

（2）双脚自然前落呈实战姿势（右势）。

图7-4-6

七、劈腿

劈腿的动作方法（见图7-4-7）是：

（1）由实战姿势（左势）开始，左脚支撑，以右脚前脚掌为轴，脚跟随身体向前转动大约120°，同时右脚蹬地启动，重心前移，脚尖勾紧，右脚尽量上举于头上；

（2）踝关节放松，下劈腿时，用脚掌向下劈击对方的头、颈、肩、胸，然后右腿自然下落呈实战姿势（右势）。

图 7-4-7

八、侧弹腿

侧弹腿的动作方法(见图 7-4-8)是:

(1)由实战姿势(左势)开始,右脚跟内扣,重心移至右腿,左大腿带动小腿由屈到伸向前鞭打,力达脚背,高不过膝;

(2)击打目标后,左脚收回原位。

图 7-4-8

九、蹬腿

蹬腿的动作方法(见图 7-4-9)是：

与原地弹腿基本相同，但弹腿力达脚背或脚尖，而蹬腿力达脚跟。

图 7-4-9

十、转身后蹬腿

转身后蹬腿的动作方法(见图 7-4-10)是：

(1)由实战姿势(左势)开始，以左脚脚前掌为轴，左脚脚跟随身体转动约 90°，目视对方；

(2)左脚支撑，右脚屈膝上提，脚尖勾紧，目视对方；

(3)右腿由屈到伸后蹬击，用脚跟或全脚掌蹬击对方躯干以上部位；

(4)右脚自然下落呈实战姿势(右势)。

图 7-4-10

十一、侧踹

侧踹包括左踹腿和右踹腿等。

(一)左踹腿

左踹腿的动作方法(见图 7-4-11)是:
(1)由实战姿势(左势)开始,身体重心移向右腿,右脚跟内扣,左腿屈膝抬起与髋同高,脚尖勾起,由屈到伸向侧前踹出,同时展筋,力达脚背;
(2)击打目标后,左脚收回原位。

图 7-4-11

(二)右踹腿

右踹腿的动作方法(见图 7-4-12)是:

(1)由实战姿势(左势)开始,身体左转,左脚跟内扣,重心移至左腿,右腿屈膝抬起与髋同高,脚尖勾起,随后由屈到伸向前踹出,同时屈髋,力达脚掌;

(2)击打目标后,右脚收回原位。

图 7-4-12

十二、前踢

前踢的动作方法(见图7-4-13)是:

(1)由实战姿势(左势)开始,左脚支撑,以左脚的前脚掌为轴,左脚跟随身体向左转动大约120°,同时身体略后仰,脚踝略屈,右脚提膝靠近胸部,由屈至伸,用前脚掌踢击对方或防守对方的攻击;

(2)右脚自然前落呈实战姿势(右势)。

图7-4-13

十三、回转踢

回转踢的动作方法(见图7-4-14)是:

(1)由实战姿势开始,以左脚前脚掌为轴,左脚跟随身体转动约120°,目视前方;

(2)左脚支撑,右腿屈膝,尽量上抬,上体侧倾,右腿以膝关节为轴,由屈至伸弧形上摆,向前回转踢击对方躯干以上部位,力达脚背;

(3)右腿自然下落呈实战姿势(右势)。

图 7-4-14

十四、旋风踢

旋风踢的动作方法(见图 7-4-15)是:

(1)由实战姿势开始,左脚向前上半步,身体向左转并前俯;

(2)右脚向前上步,屈膝,脚尖内扣着地,身体右移,右腿蹬地向上跳起,左右腿屈膝提起,向左后上方摆动,上体不变,随之向左上方拧转;

(3)身体旋转一周,同时右腿屈伸向外,用脚背弧形击打对方的躯干以上部位;

(4)左右脚依次落地,呈实战姿势(右势)。

图 7-4-15

十五、二段踢

二段踢的动作方法(见图 7-4-16)是:

(1)由实战姿势开始,右脚上步,膝关节伸直,上体略后仰,两臂自然后摆,右脚踏实,蹬地向上跳起,左脚和两臂随之向上摆,膝关节弯曲弹击对方小腿,快收提膝;

(2)右腿膝关节弯曲,由屈至伸向前上方踢摆,左右脚在空中依次分别踢击目标,力达脚背,左右脚依次落地呈实战姿势(右势)。

图 7-4-16

第五节 基本格挡技术

在跆拳道的防守中,很少采用闪躲防守,而多运用格挡技术,以刚制刚,充分显示手臂的威力,因此阻挡技术在跆拳道的防守中占有很重要的位置。

实施阻挡技术时，要正确判断与对方之间的距离、对方击打的速度及使用的方法，根据具体情况，采用相应的格挡动作；同时要掌握格挡的时机，过早过晚都将失去意义。此外，要注意正确使用格挡的部位，以免受伤。格挡不是最后的目的，而是应急的手段。因此，格挡后要立即反击，由被动变为主动。

跆拳道的阻挡技术根据防守的部位可分为高阻、中阻、低阻三种，如头部的格挡动作称为高阻，躯干部位的格挡动作称为中阻，躯干以下的格挡动作称为低阻。按照具体的身体姿势和动作，基本格挡技术又包括单臂低阻、双臂低阻、向下交叉臂阻、臂向内中阻、按掌中阻、双臂外格中阻、单臂向上高阻和双交臂向上高阻等。

一、单臂低阻

单臂低阻的动作方法（见图 7-5-1）是：

（1）两脚分开站立，面对目标两手握拳，右拳置于腹前，左臂屈肘，左举置于右肩前，拳心朝里；

（2）左脚向前上步呈左弓步，同时左臂由内屈到伸向斜下外格，用外腕格挡，右拳收于腰间。

图 7-5-1

二、双臂低阻

双臂低阻的动作方法（见图 7-5-2）是：
（1）左脚上步呈三七步；
（2）两手握拳，右臂直臂向右上摆，置于右肩上方，左臂屈肘，左拳置于右胸前，拳眼朝上；
（3）左臂由屈到伸向斜下外格，用外腕格挡，右臂随之外旋下摆，右拳置于腹前，拳心向上。

图 7-5-2

三、向下交叉臂阻

向下交叉臂阻的动作方法（见图 7-5-3）是：
（1）面对目标，两脚分开站立，两手握拳收于腰间；
（2）左脚向前上步呈左弓步，同时两臂交叉置于腹前，右拳在上；
（3）将交叉的两臂向下推击。

图 7-5-3

四、臂向内中阻

臂向内中阻的动作方法(见图 7-5-4)是：

(1)右脚后退一步呈三七步；

(2)两手握拳，左臂屈肘上提，左拳置于左肩上方，右拳收于腰间；

(3)左臂外旋，屈肘，用外腕向内格挡，拳心朝内。

图 7-5-4

五、按掌中阻

按掌中阻的动作方法（见图 7-5-5）是：
（1）两脚分开站立，两手握拳收于腰间；
（2）左脚上步呈左弓步，同时左拳变掌屈肘前推，接着迅速翻掌下按，置于腹前。

图 7-5-5

六、双臂外格中阻

双臂外格中阻的动作方法（见图 7-5-6）是：
（1）两脚分开站立，两手握拳，两臂屈肘，两拳交叉于胸前，右拳在外，两拳拳心朝内；
（2）左脚上步呈左弓步，同时两臂内旋，由里向外格挡，两臂与肩同宽，拳眼相对。

图 7-5-6

七、单臂向上高阻

单臂向上高阻的动作方法(见图 7-5-7)是:

(1)两脚分开站立,身体略右转,两手握拳,两臂屈肘,两拳相交置于右腹前;

(2)左脚上步呈左弓步,身体随之左转,同时左臂内旋向额前上架,用前臂阻挡,右拳收于腰间。

图 7-5-7

八、双交臂向上高阻

双交臂向上高阻的动作方法（见图 7-5-8）是：
（1）两脚分开站立，两手握拳收于腰间；
（2）左脚上步呈左弓步，同时两臂屈肘相交于胸前；
（3）迅速向额前上举架挡，左臂在外，两臂离额约一拳。

图 7-5-8

第八章 跆拳道基础战术

跆拳道战术,是指合理组织和运用各种技术方法,充分发挥自己身体机能和技术特长,争取实战或比赛最终胜利的艺术。战术与技术是相辅相成的,技术是战术的基础,只有熟练地掌握了各种技术技巧,才能灵活有效地组织和运用各种战术。战术是技术的灵魂,离开了各种战术的合理组织和运用,任何高超的技术都将失去其应有的攻击威力。

第一节 主动抢攻

主动抢攻是指在对方注意力分散、没有防备或动作有漏洞、有预兆的情况下，主动快速地使用各种技术动作突然打击对方。这是一种"先发制人"的战术方法，可以起到先声夺人、压制对方气势和意志、牵制对方行动、破坏对方战术意图和掌握主动权的作用。

第二节 佯攻巧打

佯攻巧打是指隐瞒自己真实意图，利用各种假动作诱骗对方，转移并分散对方的注意力，从而实现真实进攻的目的。这是一种"声东击西"的战术方法，有两种作用：第一，假动作使对方产生无效反应，延长反应时间，从而为自己赢得进攻时间；第二，假动作使对方的注意力集中到某一部位，往往导致其肢体和重心的偏移，从而为自己赢得攻击空间。

第三节 先得分战术

先得分战术是指比赛中利用对方立足未稳，还没有适应比赛环境的机会，主动攻击对方得分。得分后根据实际情况，继续扩大战果或防守反击，以保住得分。运用先得分战术的条件是：

（1）对方进入比赛状态较慢；
（2）对方比赛经验不足；
（3）对方立足未稳。

第四节 迂回战术

迂回战术是指利用步法移动从侧面进攻，运用条件如下：
（1）对方力量大、速度快、正面进攻较为凶猛；
（2）对方集中注意力进行正面防守。

第五节 防守反击战术

防守反击战术是指利用自己反击能力较好的特点，待对方进攻时给予有力的回击。运用防守反击战术，可以以防守反击为主，主动进攻为辅，以主动进攻掩盖自己反击战术的意图，刺激对方，使其更加急躁，为反击战术创造条件。运用防守反击战术应具备以下条件：
（1）对方进攻动作比较单一；
（2）对方性情急躁，缺乏比赛经验，喜欢猛冲猛打。

第六节 制短战术

制短战术是指在比赛中集中力量专门进攻对方的薄弱环节，制其所短。每一名运动员在具备优点的同时也相对有自己的缺点，比赛中要善于发现其缺点，如有的运动员防上身攻击能力差，有的运动员防下身攻击能力差，有的运动员防假动作能力差等。了解对方缺点有以下几条途径：

(1) 观察对方训练或比赛，以及回忆与对方交手的经历；
(2) 比赛中用试探性的进攻来判断对方的弱点；
(3) 向与其交过手的队友询问。

第七节 体力战术

体力战术是指耐力好的运动员发挥自己体力优势，在比赛中让对方和自己一直处于不断的运动中，消耗对方的体力，使对方因体力不支而影响技术、战术发挥，甚至被击倒。实施体力战术要根据对方的情况而定，具体方法如下：

(1) 如果对方技术较差，可以以技术取胜；
(2) 如果对方技术较好，可采取消耗对方体力的战术取胜；
(3) 如果双方实力相当，应有打持久战的心理准备；
(4) 如果对方体力差，应继续消耗对方的体力，不给对方喘息的机会，使对方体力迅速下降，以此取胜。

第八节 心理战术

心理战术是指通过一些特定的方式和措施,给对方造成心理上的压力,从而取得比赛胜利的方法。心理战术形式多样,具体如下:

(1)比赛开始前利用表情、动作威胁对方;
(2)激怒对方或松懈对方的斗志;
(3)赛前隐瞒实力或夸大自身实力,给对方造成心理压力。

第九章 跆拳道比赛规则

跆拳道运动源远流长,发展至今无论在规则或者是比赛形式方面都有了很大的进步。对于初学者来说,在从事这项运动前掌握好比赛的程序和裁判规则方面的知识,是提高跆拳道水平的重要前提。

第一节　程序

同各项体育运动一样，跆拳道运动也有严格的比赛规则，包括允许使用的技术和允许进攻的部位、得分、比赛时间和比赛程序等。

一、参赛办法

(一)级别和段位

跆拳道是利用段位来表示练习者的学识造诣、技术水平和功力高下的。跆拳道根据练习者的水平分为十级和九段，初学者从十级开始逐渐升至一级，然后再入段，段位越高表明水平也越高，最高段位为九段。

因为跆拳道练习者都穿着统一的白色服装，以示纯正，所以练习者水平的高低主要是从他们所系腰带的颜色和特点来分辨的，由低至高依次是：

(1)白带：没有色彩，代表练习者没有任何跆拳道的知识，一切从零开始；

(2)黄带：大地的颜色，练习者在这个阶段要打好跆拳道的基础；

(3)绿带：树木的颜色，代表练习者的跆拳道技术开始枝繁叶茂；

(4)蓝带：天空的颜色，代表随着不断的训练，练习者的跆拳道技术逐步成熟；

(5)红带：危险的颜色，代表练习者要注重自我控制和阻吓对方；

(6)黑带：与白色相反，代表练习者跆拳道技术的成熟和专业。

通常，跆拳道练习者在获得黑带资格之前，都被称为初学者。初学者可以参加两个月举行一次的考试。如果考试合格便能晋升一级。一般来说，从白带开始到考取黑带一段只需一年到一年半时间。

考取了黑带之后，除了一段需要经过一年半才能考二段以外，其他段位每经过一年，便可参加考核进入下一段位，但通常只能考到七段。八段和九段只授予极其杰出和优秀的人。

(二)重量级

奥运会中，跆拳道比赛的重量级别划分如下：

1.男子

(1)58千克以下；

(2)58～68千克；

(3)68～80千克；

(4)80千克以上。

2.女子

(1)49千克以下；

(2)49～57千克；

(3)57～67千克；

(4)67千克以上。

二、比赛方法

(一)比赛时间

每场比赛分 3 局,每局比赛时间为 3 分钟,局间休息 1 分钟。

(二)进程安排

(1)双方相向站立,听到主裁判发出立正和敬礼的口令时互相敬礼;

(2)每局比赛主裁判发出准备、开始口令即开始进行;

(3)最后一回合结束,运动员站在指定位置(相向站立),主裁判发出立正和敬礼的口令时相互敬礼,然后立正等待判定;

(4)主裁判举起自己的一侧手臂,宣布同侧方向的运动员获胜。

第二节 裁判

跆拳道运动有其自身的竞赛规则和裁判方法,因此裁判员严格执法、公平公正的判罚,是引导比赛正常进行的一种手段,它有利于运动员技战术水平、体育道德等方面的提高,使比赛更加精彩。

一、裁判员

正式跆拳道比赛的裁判员分为主裁判和副裁判。

主裁判主要负责掌控整场比赛，在比赛过程中根据场上的情况宣布开始、结束、分开、继续、计时、扣分、警告和最后胜负的判定。主裁判不记录得分，比分相同或无分时，主裁判根据三局的优势情况而定。

副裁判及时记录有效得分情况，要在1秒钟内完成，并如实回答主裁判的问询。

二、术语解释

（一）击倒

下列情况判为击倒：
（1）运动员除脚以外，身体的任何部位接触地面时；
（2）当运动员跌倒或摇晃站立失去进攻意识时。

（二）击倒后不能继续比赛（KO）

运动员被击倒后，主裁判数到"10"时，仍不能继续比赛时，即为"KO"。

三、评分

使用允许的技术,准确有力地击中有效得分部位,即为得分一次,得分一次累加1分。如使用允许的技术击中被护具保护的非有效得分部位,击倒对方时按得分计。

(一)允许使用的技术和得分部位

1.允许使用的技术
(1)手。用拳面的正面;
(2)脚。踝关节以下。
2.得分部位
(1)躯干部。包括胸、腹、两肋部;
(2)头部。以两耳为基准,包括头部和颈部的前面部分。

(二)得分无效

以下行为为得分无效:
(1)进攻者进攻后故意跌倒时;
(2)进攻者进攻后有犯规动作时;
(3)进攻者利用犯规动作进行攻击时。

四、犯规

(一)警告

警告两次扣1分,警告一次不计,以下动作属于警告行为:

(1)抓对方的行为；
(2)用手、臂、肩等推对方的行为；
(3)用手、臂夹抱对方的行为；
(4)故意越出警戒线的行为；
(5)背向对方回避攻击的行为；
(6)故意倒地的行为；
(7)伪装疼痛的行为；
(8)用膝部攻击的行为；
(9)攻击阴部的行为；
(10)故意攻击下肢的行为；
(11)用手或拳攻击头部的行为；
(12)运动员自己举手示意得分或扣分的行为；
(13)运动员或教练员有失风度的行为。

(二)扣分

以下属于扣分行为：
(1)对方倒地后进行攻击的行为；
(2)主裁判喊"分开"后进行攻击的行为；
(3)故意攻击背部的行为；
(4)用手或拳用力攻击头部的行为；
(5)用头顶对方的行为；
(6)超出限制线的行为；
(7)摔倒对方的行为；
(8)运动员或教练员严重有失风度的行为。

五、因受伤而中止比赛

比赛中,一方或双方运动员因受伤不能继续比赛时,主裁判宣布"分开"以暂停比赛,并向计时员宣布"时间暂停",计时员立即暂停计时。主裁判检查运动员的受伤情况,决定比赛是否继续。

(一)不再继续比赛

(1)主裁判取消故意犯规而使对方受伤的运动员的比赛资格;
(2)当受伤原因难以判断时,主裁判根据受伤前双方运动员的得分判定胜负。

(二)经急救后继续比赛

(1)主裁判允许运动员获得不超过1分钟的紧急救护;
(2)受伤运动员超过1分钟后仍无法回到竞技区表示愿意继续比赛,主裁判应判其失败。

(三)其他

当主裁判判断有困难时,按下列原则判定:
(1)主裁判可征询大会医生的意见,作出判定;
(2)主裁判可与边裁判员合议,作出判定。

六、被击倒后的措施

当运动员被击倒时,主裁判将采取下列措施:

(1)宣布"分开",立即阻止运动员继续进攻,并使其远离倒地运动员;

(2)主裁判在倒地运动员身边,大声自1数至10,每数间隔1秒钟,并以手势表示数过的秒数;

(3)数完10秒,而倒地运动员仍无法恢复对阵时,主裁判宣布对方运动员获胜;

(4)当主裁判数至"8",倒地运动员已可站立,而在数至"10"时,已回到原比赛位置,并表示继续比赛意愿时,主裁判应立即检查该运动员是否确已恢复,然后宣布比赛继续;

(5)主裁判数秒,不因比赛时间的终止而停止,而应在数完"10"秒后,宣布对方获胜;

(6)当双方运动员同时倒地,而其中一方尚未恢复时,主裁判应继续数秒;

(7)当双方运动员同时倒地,数完"10"秒后,双方均未恢复时,应根据倒地前的得分判定胜负;

(8)当运动员因面部被击中而倒地时,主裁判应召请大会医生入场对运动员进行身体检查。

七、比赛结果的判定

(1)因对方丧失竞赛资格而获胜;
(2)因对方弃权而获胜;
(3)因对方受伤而获胜;
(4)因对方被击倒而获胜;
(5)因比赛得分而获胜;
(6)因对方扣分而获胜;
(7)因比赛优势而获胜;
(8)因主裁判宣布终止比赛而获胜。